OHSAMA BUNKO

お医者さんが実証!

眠りながら「綺麗」になる本

西原克成

三笠書房

はじめに

この本を手にとられた方の多くは、タイトルを見るなり、「眠りながら綺麗になる？　それもたった2週間で⁉」と、驚いているのではないでしょうか。

生まれ持った形質は別にして、自分の顔や体のあらゆるパーツが、息をしたり、眠ったり、食べたりという毎日の生活習慣によって、いとも簡単に変形してしまうことは意外と知られていません。つまり、美人は生まれつき美人なのではないのです。「美しい顔」は自分でつくるものなのです。

私は35年にわたって口腔科で治療にあたってきました。口腔科臨床医学の治療の対象は、口の病気と顔の変形症です。

この間に、どうして人間の顔がゆがんでしまうのかということをテーマの一つとして研究してきました。そして、世界に先がけて人工歯根や人工骨髄造血器の開発に成功する過程で、顔や体が重力作用によって変形する法則性を医学的にはじめて解明することができました。

人は生きているうちに、自重（自分の体重）によって、どんどん顔や体が変化していくことをつきとめたのです。つまり、同じ遺伝形質のまま、体の使い方ひとつで体の形が変わるのです。

では、自分の体重が顔や体の形を変化させるほど、自分の体を圧迫する日常の動作とは、いったい何なのでしょうか。まず、まっさきに思い浮かぶのが「睡眠」です。

もし、あなたの眠り方が間違っているとしたら、毎晩、あなたの顔は眠っている間に圧迫されていることになります。顔の輪郭だけでなく、口や目、鼻といった顔のパーツの形や大きさまで、どんどん変わっていきます。つまり、自分で自分の顔をこわす作業を毎晩行なっていることになるのです。

それだけではありません。

私たちの外見のみならず、健康も勉強も仕事もすべて睡眠で決まります。これほど睡眠は大切なのです。ところが、わが国で今日ほど睡眠が軽視されている時代はありません。

「質のよい睡眠を3、4時間とれば十分です」という説がありますが、それではきれいにはなれません。睡眠不足や睡眠時の姿勢は、顔の形や肌など見た目の美しさに影響するだけでなく、近頃増えている慢性疲労やアトピー性皮膚炎などの病気を引きおこす原因にもなります。

私たちの体には病気を治そうとする力が備わっています。これが人間の体のすばらしいところですが、ゆがみを元に戻そうとする力が備わっているのです。

ですから、眠り方を改善しさえすれば顔はどんどん修復され、みるみるきれいになっていきます。

つまり、私たちは眠っている間にどんどんきれいに生まれ変われるのです。

おそらく、私たちの誰もが誤った眠り方などのブスになる生活習慣＝クセをもっているはずです。本書では、あなたにはどのクセが身についているのか、そして、どういうふうにすればそのクセを直すことができるのか、一つひとつ、ていねいに解説してあります。一刻も早く、自分の間違ったクセを見きわめてそれを直し、正しい生活習慣を身につけてください。

きれいになるための生活習慣には、眠り方のほかにも、ものを食べるときのかみ方や、呼吸の仕方、歩き方、座り方、そして冷たいものを飲まない・食べないといった飲みもの・食べもののとり方など、いくつかあります。

正しい生活習慣が身につけば、早い人ならその日のうちに、平均でも1～2週間でその効果はあらわれてきます。

こうして正しいクセを身につけることで、顔の形そのものが均整がとれてきれいになるだけでなく、体調もグングンよくなって、見ちがえるほどイキイキと健康的で美しい容姿を手に入れることができるはずです。

眠りながら「綺麗」になる本／もくじ

part 1

あなたは眠っている間にどんどんきれいになります！

秘密はこの「寝相」！

3……きれいになる「眠り方」実践編 48

part 2

秘密は「呼吸」と「かみ方」

「歯」と「口もと」であなたの印象はガラリと変わる!

2……「かみ方」を変えて、ゆがみ顔・肥満とサヨナラしよう！　79

part 3

秘密は「生活スタイル」

〈パーツ別〉魅力的な顔・美しい体のつくり方

part 4

秘密は「バランス」

「呼吸するだけでやせる」夢のようなダイエット

本文イラストレーション　池田須香子

part 1

秘密はこの「寝相」！

あなたは眠っている間にどんどんきれいになります！

1……顔の形はこうして変化していくのです！

「あこがれの顔」を自分のモノにする方法

●あなたは自分の顔が好きですか？

自分の顔が嫌いというわけじゃないけれど、

「もう少し目が大きかったらもっと素敵になれるのに」

「口が大きいのが悩みなの」

「肌がきれいじゃないのよね」

などと、ちょっとした悩みは誰にでもあるものです。たしかに眉毛の形や目の印象というのは、メイクである程度はカバーできます。

ところが、顔のつくりそのものに対する悩みはそう簡単には解決できません。近頃では、手軽にできる「プチ整形」などというものが若い女性に人気だそうですが、それも見た目の美しさへのあこがれが強いからでしょう。

では、もし、整形などいっさいせずに自分の「あこがれの顔」になれたらどうでしょう？　あるいは、誰もが振り向くような美人になれたら……？

実際に人間の体や顔はその人の生活習慣によって変化します。

つまり、その生活習慣を正せば、プチ整形などに頼らずとも簡単に均整のとれた美しいものに変わるのです。

●キーワードは「シンメトリー」

「うわー、すごい美人ね」

ふだん、私たちは何気なく、「美人」とか「きれい」という言葉を使っています。

でも、どういう顔が美しいのかという美人の基準、つまり「美人の条件」は、時代や文化、地域によって異なります。たとえば、平安時代や江戸時代の美人画を見ても、現代人の私たちには今ひとつピンとこないでしょう。

また、たとえ同時代のはやり顔であっても、その顔が好きかどうかには、かなりの個人差があります。そのように、美人の基準とはかなりあやふやなものですが、たったひとつ、古代ギリシャの時代から変わることなく用いられてきた「美人の条件」があります。

それは、顔の左右のバランスがとれていること。つまり、顔が「シンメトリー」（＝左右対称）であるということです。

顔のシンメトリーとは、鼻を中心線にして目と口が左右対称で、なおかつ、両目を結んだ線と口のラインとが、鼻の中心線に対して垂直に交わっていることです。

ところが、万国共通の美人の条件である「シンメトリー」をクリアしている人は、ほとんどいません。たいていの人は、左右の目の大きさが違っていたり、口のラインが左右どちらかに傾いていたり、どちらかの頬がたるんでいたり、あるいはへこんでいたりします。

こうした顔のゆがみは、「人形じゃないのだから少しのアンバランスは仕方がない。人間ならあたりまえ」として受けとめられがちですが、実は、日常生活の何気ない生活習慣によって、知らず知らずのうちにゆがめてしまった結果なのです。

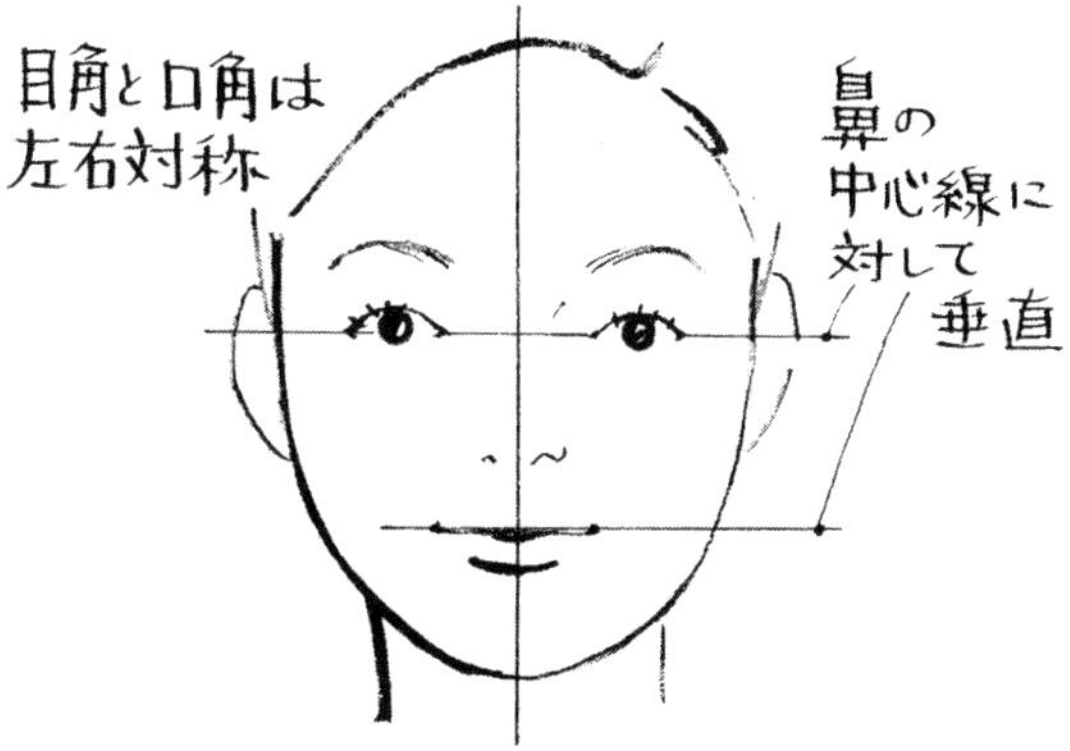

●あなたの個性を引き出す
「顔バランス」とは？

もちろん、目や鼻、口といった顔のパーツの大きさや形は遺伝子によってある程度決まっています。

そして、その個人差こそが、その人の〝個性〟でもあるわけです。

ところが、多くの人が、自分をアピールする個性となるはずの顔のつくりを、誤った生活習慣＝悪いクセで自らこわしてしまっています。

その人ならではの目や鼻、口の形質があらわす個性は、顔全体のバランスがとれていて、はじめて最大限に発揮されるものなのです。

顔のゆがみ度チェック

鏡で自分の顔をよくチェックしてみてください。ひとつでもあてはまる項目があれば、要注意です。

- ①左右の目の大きさや位置が違う
- ②鼻すじが左右どちらかに曲がっている
- ③一方の頬がだらんとしてハリがない
- ④口の一方は上がり、一方は下がっている
- ⑤歯ならびが乱れている
- ⑥あごの線が一方は上がり、一方は下がっている
- ⑦口を大きく横に開けて「イ」の発音をしたとき、上下の前歯の中央のすきまがぴったり一直線になっていない

⑧鼻の中心線が鼻すじからあごまで一直線になっていない
（鏡でわかりにくいときは、顔を正面から写した写真に線を引いてみると一目瞭然です）

⑨口の両端を結んだラインと両目を結んだラインが平行になっていない（同じく写真を使うとよりハッキリとわかります）

⑩両手の人さし指で、それぞれ左右のあごのつけ根の部分にふれながら、口をゆっくり開け閉めしたとき、どちらかが指に大きくふれる

⑪口を閉じてエラ骨の部分にふれてみて、左右のあごの高さと前後の位置にずれがある

⑫左右の頬骨の高さが違う

思いあたることはありませんか？
顔をゆがませるクセのいろいろ

●何気ないちょっとしたしぐさで……

顔をゆがませる誤った生活習慣＝クセには、次のようなものがあります。

たとえば、右利《き》きの人の場合、その多くが右側の歯でばかりものをかんだり、右側を下にした横向きの姿勢で寝たりします。

また、本来は右利きであっても、たとえば左側にテレビを置いて、首だけ、あるいは上半身だけをねじって、そちら側だけを見ながら食事をするなどの習慣のある人は、顔や体全体に複雑なねじれをもたらしていることがあります。

同じように、足を組んで机に向かったり、電車のイスに腰かけたり、長時間同じ姿勢で作業をしていたりすると、腰が曲がったり、背骨が曲がったりして体がゆがみ、それに連動して顔にもゆがみが生じます。

さらに、ほおづえをつくことも問題です。顔の骨は、一般に思われている以上に薄く、きゃしゃにできています。ですから、ほおづえをついて顔やあごにくり返し力を加えていると、わずかずつですが確実に顔が変形していくのです。

そのほか、バッグを同じ側の肩にばかりかけることも体をゆがませ、さらには顔にも影響を及ぼす原因になります。

●こんな「ねじれ」に要注意！

このように、今ここにあげたクセに共通しているのはすべて、体勢がねじれて左右非対称の形になっているという点です。

体を曲げた姿勢を続けていると、しだいに背骨や首の骨をはじめとする骨格がゆがんでいきます。すると、顔の筋肉は傾いた首に対して無意識にバランスをとろうとし、つねに片側だけが緊張状態となります。

その結果、片側の筋肉だけが引きしまって、目が小さくなり、口のラインも斜めに曲がってしまいます。

一方、反対側の筋肉はゆるんでたるむため、目もたれてきます。こうして顔は左右非対称になっていくのです。

片側にねじる
習慣
長時間
足を
組むなど

こんなクセが
顔をゆがませる…
ほおづえ
カバンを
片方にばかり
持つ

あなたの「見た目」はこうして決まる！

●習慣は思っているより影響力大

もう少しくわしく説明しましょう。

体をつくっている骨組みを骨格といいます。私たち人間の体は、約２００個の骨からできていて、骨と骨の間には、骨同士をつなぐ関節があります。骨は自力で動くことができず、筋肉が関節を曲げたり、伸ばしたり、回転させたりすることで、はじめて動くことができます。したがって、筋肉が正しく使われているかぎり、骨もゆがむことはありません。

ところが、間違った生活習慣＝クセのある人は、絶えず筋肉を偏って使ったり、顔や体のどこか一部の骨だけを圧迫したりしています。

すると、筋肉の動きに連動している骨にも偏った無理な力が加わって、骨が変形してしまうのです。

●使えば引きしまり、使わなければたるむ

また、顔や体の筋肉を左右どちらか一方だけ偏って使うと、よく使うほうの筋肉はどんどん発達して引きしまりますが、使わないほうの筋肉はしだいに衰えて、たるんでしまいます。

これは、私たちの体内にあるすべての器官についていえることです。全身のあらゆる器官は、ほどよく使うことで正常な働きを保つことができます。ところが、一部の器官を使わないでいると、その機能はどんどん低下して、だらけ、たるんでしまいます。これを、「用不用《ようふよう》の法則」といいます。

こうした筋肉の発達の差は、顔や体の見た目にも左右アンバランスな状態をもたらします。よく使う側の筋肉だけが発達してキリッと引きしまり、使わない側はだらっとたるんで見えるのです。

筋肉の左右差は、当然、筋肉に支配されている骨にも及び、顔の骨、背骨、腰骨などがゆがみます。すると、その骨のゆがみを支えようと、また筋肉が使われるため、さらに筋肉に左右差ができ、骨がますますゆがむという悪循環に陥ります。

●顔のゆがみはしだいに体のゆがみへ！

とくに、顔の土台となっている骨は、体全体の中でもとくに薄く、変形しやすいという性質があります。

たとえば、鼻の中にある副鼻腔《ふくびくう》（鼻腔の中を仕切っている空間）を構成している骨は、ボール紙ほどの厚さしかありません。

これだけの薄さですから、外からちょっとした力が加わるだけで、簡単に変形してしまいます。

骨が変形すると、それにつられて筋肉も引きつれたり、たるんだりするようになります。すると、先ほども書いたように、筋肉のゆがみが骨に作用して、さらに骨がゆがむという悪循環が起こります。

この悪循環をくり返しているうちに、目鼻立ちのバランスがどんどん悪くなり、頬はたるみ、二重あごになっていくのです。

さらに、こうした顔の骨や筋肉のゆがみに連動して、首が傾き、背骨が曲がり、その反動でおなかが突き出てガニ股になるなど、容姿のくずれはやがて全身へと及ぶことになります。

●顔も体もあなたの生活がつくりあげたもの

このように、私たちの顔や体というのは、あなたが考えている以上に、生活習慣の影響を受けて大きく変化するものです。

くり返しますが、生まれつきの形質は別にして、今のあなたの顔や体は、自分自身の生活習慣によってつくりあげられたものといえるのです。

ということは、美しい顔になるためには、こうした誤ったクセを直せばいいのです。誤ったクセをあらためて、日常生活で顔や体にくり返し加えられる「外力」をとりのぞくこと。

そして、顔や体のそれぞれのパーツが本来果たすべき役割を考えて正しく使うこと。

この2つをクリアすることができれば、顔のゆがみは解消され、シンメトリーの美しい顔になれるのです。

この3つのポイントを正せば、とびきりの美人顔に！

●ゆがみのもと「外力」をとりのぞく

顔や体のゆがみは、誤ったクセによってくり返し加えられる「外力」によって起こる変形症にすぎません。

したがって、シンメトリー美人になるための条件は、ただひとつ、顔や体の骨格をゆがめる「外力」をとりのぞくことです。

立っているときも座っているときも、意識して体を左右均等にするのはもちろんですが、私たちが生きていく上で欠かすことのできない「呼吸」「かみ方＝食事」「眠り方＝睡眠」――この3つのポイントを押さえることがもっとも重要となります。

次に、その中でもとくに大切な、「眠り方」についてくわしく説明しましょう。

2……美人の寝相は「あお向け寝」！

今日から実践できる「きれいになる」睡眠法

●眠っている間にどんどんきれいになる方法

毎晩眠っている間にどんどんきれいになれるとしたら、どんなにすばらしいことでしょう。おそらく、多くの女性が一度はそんな願いを思い浮かべながらも、「そんなこと、あるわけないわ」とあきらめ、せっせとメイクアップに励んでいるのではないでしょうか。

ところが、本当に、ちょっとしたルールを守るだけで、眠っている間にどんどん美人に生まれ変われる方法があるのです。そしてこれは、間違った眠り方をしていると、どんどんブスになってしまうということも意味しています。

●眠り方と「きれいな顔」の関係

それではなぜ、シンメトリー美人になるのに眠り方が関係するのでしょうか。

答えは簡単です。一日のうちで、もっとも長く同じ姿勢を続けているのが、睡眠中だからです。

私たちの頭は、約5キログラムの重さがあります。横向きに寝たり、うつ伏せに寝たりして、その頭の重みが顔の一部にだけ偏ってかかるような眠り方を何年も続けていると、どうなるでしょう。

極端な話、その部分だけが頭の重みでつぶされて、少しずつひしゃげ、やがてひと目でわかるほどに変形してしまいます。つまり、誤った眠り方をすることは、自分で自分の顔を醜くつぶしてしまうことなのです。

「本当に眠り方を変えるだけで、自分も美人になれるの?」と疑問に思っているあなた。大丈夫、正しい眠り方で眠れば、誰もが必ず美人になれます。

さあ、シンメトリー美人を目指して、あなたも正しい眠り方をマスターしてください。早くはじめれば、それだけ早く美人になれるのです。

Beauty
Face

「寝ている姿勢」が歯ならびさえも変えてしまう!?

●寝ている間にかかる圧力はなんと6～9キログラム

あなたは、ふだんどんな姿勢で寝ていますか？　あお向けですか？　それとも、横向きや、うつ伏せですか？

こうした寝るときの体勢も、長年くり返してきた習慣によるものです。

寝ているときは無意識ですが、眠りにつくときの姿勢がすでに横を向いていたり、うつ伏せになっていたりする人は睡眠中もその姿勢になっている可能性があります。

もし、あなたがうつ伏せや横向きの状態で寝ているのなら、今すぐ、寝相を直さなくてはなりません。

うつ伏せ寝や横向き寝は、眠っている間ずっと顔の片面だけを圧迫していることになります。しかも、頭にかかる重さは、あお向け寝のときは約5キログラムですが、横向きやうつ伏せで寝ると、体重の圧力まで受けて、なんと6～9キログラムにもなってしまいます。

この重みが頬骨やあごの骨を直撃して、歯ならびさえもゆがませてしまうのです。

●横向き寝、うつ伏せ寝に要注意

このように、うつ伏せ寝や横向き寝を続けていると、顔は少しずつゆがんでいきます。

この睡眠姿勢を何十年にもわたって続けていたら、どれほど顔がゆがんでしまうか、想像するのは難しくないでしょう。とくに、鼻の骨は薄くて簡単に曲がってしまうので、横向き寝やうつ伏せ寝をしていると、鼻すじが曲がったり、鼻が低くなったりしてしまいます。

同じ側だけを下にして寝る「横向き寝」を長年続けていると、下になっているほうの肩が下がり、いつも小首をかしげたような状態になります。すると、顔の筋肉は傾いた首に対してバランスをとろうとして、片側だけが緊張し、さらに顔がゆがむという悪循環になってしまいます。

また、横を向いて寝ていると、下になっているほうの腕の血のめぐりが悪くなって腱鞘炎《けんしょうえん》を誘発するなど、体にさまざまな障害をもたらす原因ともなります。

一方、「うつ伏せ寝」では、頭の重みに胸の体重も加わり、10センチ四方のあごに、約9キログラムもの重みがかかります。

歯ならびを矯正する歯列矯正で歯に加わる力は20〜70グラムですが、うつ伏せ寝では、一本の歯に最低でも歯列矯正なみの20〜70グラム、場合によっては300グラムほどの力がかかります。つまり、歯列矯正の約5〜10倍の力が、一晩中あごに加わっているわけです。

この力によって、歯は、少なく見積もっても一晩に1ミクロン（1000分の1ミリ）ずつ動きます。ということは、1年で365ミクロン、30年ではなんと1センチ以上も歯が動いてしまうのです。

口の中で1センチも歯が動くと、歯ならびが乱れて口もとの印象が悪くなるだけでなく、やがて歯は抜け落ちてしまいます。

ですから、まずは正しくあお向けに寝ること。あお向けになって両手、両足を伸ばし、小の字になってのびのびと寝るのが正しい眠り方です。そしてこれこそが、美人になる秘訣なのです。

美人になあれ！
Sleep
Z

右側を下にして寝るとこんなに顔がゆがむ

＊右目が小さくなる ＊右の口角が上がる
＊右の頬骨がへこみ、左の頬骨が出っぱる
＊左の頬がたるむ
＊左の目もとがたるんで、シワっぽくなる
＊鼻すじが左に曲がる ＊右肩が下がる

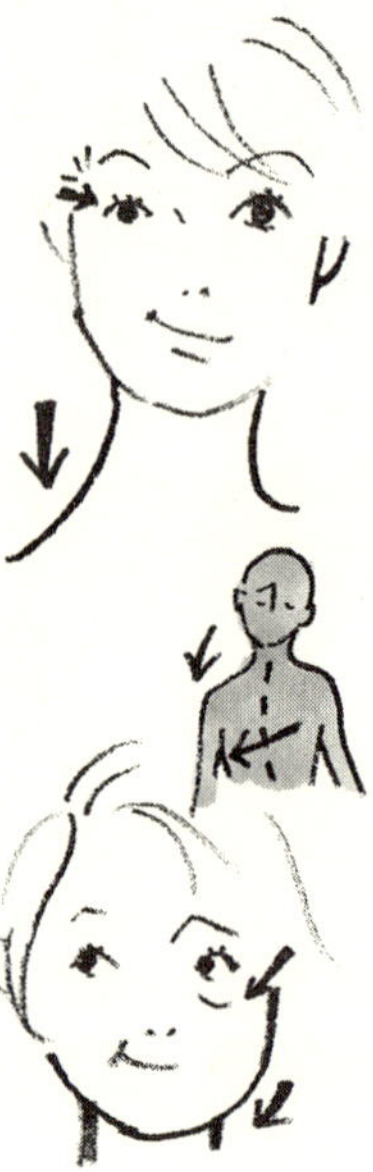

きれいになるための睡眠は「質より量」

●なぜ長時間の睡眠が大切なの？

眠っている間に美しくなるには、正しい寝相で寝ることに加えて、睡眠時間を十分にとることも大切です。

こういうと驚く人も少なくないかもしれません。なにしろ、最近は「質のいい睡眠を3～4時間とれば十分」という説もあるくらいですから……。

しかし、これは大間違いです。どんなに質がよくても、3～4時間程度の睡眠で回復できるのは脳の疲労だけです。体の疲労はとれません。

つまり、十分な睡眠が必要なわけは、私たちの体が、昼間の躍動的な生命活動とともに重力からも解放され、ゆっくり骨休めをして、翌日の活動に備えるための大切な時間だからです。

ます。

●体のしくみが「眠り」を求めている

人間をはじめとする脊椎《せきつい》動物の進化には、重力（地球の引力）が密接に関わってい

大昔、私たちの祖先は海に住む軟骨魚類（サメやエイの仲間）でした。彼らが海から陸に上がってきたとき、もっとも苦しめられたのが重力です。

重力は、海の中では浮力（物体が液体や気体の中で受ける上向きの力）の作用によって、陸上の6分の1にとどまっています。逆にいうと、陸上では海の中の6倍の重力がかかることになります。こうなると、生物はよほど血圧を上げないかぎり、全身に血液をめぐらせることができません。

そこで、陸に上がった生物は、苦しまぎれに地べたをのたうちまわっているうちに自然に血圧が高くなり、エラで空気呼吸ができるようになったのです。この高血圧状態が引き金となって、軟骨がしっかりした骨になり、骨格づくりが進んで両生類、爬《は》虫類、哺《ほ》乳類、人間へと進化していったのです。

このように、進化ですら重力が引き金となって起こるぐらいですから、私たち人間が、その重力に逆らって、約5キログラムもある重い頭を150センチメートル以上

の高さに持ち上げ、それを保っているのには、たいへんなエネルギーが必要です。

血圧を例にとってみると、頭の位置の低い犬の場合、体重が45キログラムぐらいある大型犬でも、血圧は90ミリメートルHg（水銀柱）ぐらいです。

ところが、人間の場合、大型犬と同じぐらいの体重であっても、頭を150センチメートルの高さに持ち上げてイキイキと動くには、120ミリメートルHgぐらいの血圧が必要です。そのため、ただ頭を支えて立っているだけでも、血液を送り出している心臓はくたびれてしまうのです。

こうした事情から、人間には重力を解除して心臓の負担を減らし、疲れをとるための骨休め＝睡眠が必要不可欠となるのです。

●カギは「重力の解除」にある！

もちろん、寝るときは、あお向けで体がまっすぐ床と水平になる状態に横たわることも忘れてはいけません。イスに座って寝たのでは、頭がまだ90センチメートルぐらいの高さにあるため、心臓が血圧を上げる作業を続けなくてはならず、十分な骨休めにはならないのです。

立っているとき、座っているとき、真横になって寝ているとき、いずれもかかってくる重力が違います。

寝ているときに受ける重力は1Gにすぎませんが、立っているときは位置エネルギーが作用して、2G近い重力を受けることになります。ということは、座った状態では、1・5Gぐらいの重力を受けるものと考えられます。

したがって、重力をできるかぎり解除して骨休めするためには、エネルギーの勾配がない状態、つまり、まっすぐ横になることが大切なのです。

体が生まれ変わるのは「横になって眠っている時間」だけ!

●細胞が生まれ変わるのに必要な「睡眠」

骨休めが必要とはいっても、眠っている間、私たちの体は活動を完全にストップしているわけではありません。この間に、体全体をつくりかえる「リモデリング」という活動を行なっているのです。

しかし座った姿勢で眠っても、リモデリングは起こりません。あらゆる生命は、呼吸をはじめとするエネルギー代謝によって、古くなったパーツを新しいものと入れかえるリモデリングをしています。これを「新陳代謝」といいます。

私たち人間の体は、約60兆個の細胞からできていて、大ざっぱにいえば、毎日1兆個の細胞がリモデリングされています。1兆個というと、体重60キログラムの人では、毎日1キログラムの肉がつくりかわっていることになります。ということは、約2カ月で、人間の体の大半がつくりかえられることになるのです。

こうした細胞の入れかえ作業には、酸素と栄養と十分な睡眠が必要不可欠です。

また、免疫の要となる白血球や赤血球をつくる骨髄も、骨休めをしているときにスイッチが入り、造血作業をはじめます。白血球と赤血球の働きで1兆個の細胞がリモデリングするのです。

骨は活動している昼間は、体を支えるので精一杯です。夜ふとんに入ってゆったり体を横たえ、重力から解放されてからでないと、白血球や赤血球をつくる余裕がありません。

ところが、睡眠不足で造血がうまくいかないと、元気のない白血球や赤血球ができて、体内に入ってきたウイルスやバイ菌を殺すことができなくなり、アトピー性皮膚炎や花粉症など、アレルギー性疾患を引きおこします。

さらに、ふつう古くなった細胞は白血球が食べてくれますが、睡眠不足になると、造血作用が弱まって酸素不足になると白血球の消化力が弱ってきます。すると古い細胞を消化して排出することができなくなってしまいます。

とくに、酸素不足で腸の門脈の白血球の消化力が失われると、生理痛や子宮内膜症の原因となります。

●毎日最低8時間の睡眠をとろう

このように、一日分のリモデリングを行ない、なおかつ十分な造血作業を行なうには、だいたい大人で8～9時間、子どもで9～12時間の睡眠が必要です。

ですから、たまに徹夜をしたり、短時間睡眠になる程度ならリカバーできなくはありませんが、日常的に睡眠時間が短かったり、極端に睡眠時間の短い日と長い日をくり返したりするのは、たとえ平均睡眠時間が8時間に達していても、生命活動にとって十分な睡眠がとれているとはいえないのです。

正しい眠り方で女性特有の体の悩みもスッキリ解決！

●「寝る時間帯」で効果は変わる

睡眠の質は、何時に寝て何時に起きるかという「就寝の時間帯」によっても左右されます。睡眠にもっとも理想的な時間帯は、夜の12時前から夜明けまでです。

人間は夜行性動物ではないので、光にあたることがひじょうに重要です。太陽にあたるのとあたらないのとでは、血液の中の酸素の量がグンと違ってきます。

太陽の光にあたると、ヘモグロビンなど血中成分の性質がガラッと変わり、酸素を抱える量が飛躍的に増えるのです。

●太陽の光、夜の闇が女性の体に与える影響

たとえば、生理痛で悩んでいる人の多くは、血液が真っ黒でドロドロの状態になっています。

こういう人が、太陽光をわずか30分、足の裏や胸にあてるだけで、血液は真っ赤な

鮮紅色になり、サーッと血流がよくなって、生理痛も解消してしまいます。

ほかにも、太陽の光を浴びることで傷が早く治ったり、さまざまな皮膚病や円形脱毛症など、神経系の疾患にも効果があることがわかっています。

このように、太陽の光が持つエネルギーは、私たちの体に大きな影響を与えます。光エネルギーを十分に吸収することで、血流をはじめとする体調全般がととのえられ、肌の色ツヤがよくなり、顔色も俄然イキイキと輝いてきます。

きれいになるためには、紫外線に注意しながら、上手に太陽とつきあうことも必要なのです。現在、太陽光と同じスペクトルの安全なアーク灯が販売されています。これを使うと便利です。

睡眠不足や夜ふかしは、新陳代謝を低下させ、肌あれや目の下のクマ、頬のたるみを招いて、顔をどんよりとくもらせてしまうほか、基礎代謝が減少して老化が進み、ダイエットにも影響が出てきます（くわしくはｐａｒｔ３、ｐａｒｔ４参照）。

早寝・早起きを心がけ、毎日、十分な睡眠をとって老化を防ぎ、体をリフレッシュすることが、きれいになるための条件のひとつでもあるのです。

47　あなたは眠っている間にどんどんきれいになります！

3……………きれいになる「眠り方」実践編

基本はたったこれだけ！「あお向け、小の字、枕なし」

●眠りにつくまでの準備

ここまでお話ししたことで、シンメトリー美人になるためには、どれほど「眠り方」が大切か十分おわかりいただけたことと思います。

それでは、眠るときにどんなことに気をつけ、どのように眠れば、眠りながらきれいになれるのか。美人をつくる「眠り方」のノウハウについて、具体的に説明したいと思います。

美人の寝相は、顔をゆがませる横向き寝やうつ伏せ寝をやめ、あお向けに寝ることだというのは、すでにお話しした通りです。

でも、今までずっと横向きやうつ伏せで寝ていた人が、いきなり寝相をあらためるのは簡単なことではありません。

なにしろ、睡眠中には意識がありません。寝床に入ったときにはあお向けでも、眠っている間に体が横向きやうつ伏せになってしまったのでは、まったく意味がないのです。

美人の寝相＝あお向け寝をマスターするには、まず、寝る前に寝床の中であお向けになり、「明日の朝まで、絶対あお向けの姿勢をキープするぞ」と、強く自分にいい聞かせることからはじめましょう。

何年もかけて身についたクセをあらためるには強い意志が必要です。

●眠りに入るときの姿勢

次に、寝る姿勢ですが、ベッドの上にまっすぐ上を向いて横たわり、軽く手足を開き、小の字になるようにします。そして、口を閉じ、鼻で呼吸します。

このとき、枕はできるだけしないでください。とくに、枕が高すぎると、気道（呼吸によってとり入れられた空気の通り道）が圧迫され、口呼吸になってしまいます（口呼吸の弊害についてはｐａｒｔ2参照）。

また、息苦しくなって安眠のさまたげになりますし、肩こりや頭痛の原因となることもあります。

枕がないとどうしても眠れないという人は、慣れるまでタオルを折りたたんで、1センチぐらいの高さになるようにして使うといいでしょう。

あるいは、タオルを棒状に丸めて、後頭部と首との間にあてる方法も納まりがよく、気道を圧迫しません。

タオルではどうもダメだという人には、フカフカの羽毛枕がおすすめです。やわらかい羽毛枕なら、頭が沈みこんで気道がまっすぐになるので、自然に鼻呼吸ができるようになります。

また、枕については、正しいあお向け寝と鼻呼吸ができる「きれいになる枕」(仮称)も開発中です。この枕で眠ると血圧もベストにコントロールできます。

これまで高い枕を使っていた人は慣れるまで違和感があるかもしれませんが、枕なしで寝ることは、首のシワや二重あごを防ぐ効果もあるので、これを機にぜひ枕なし睡眠にトライしてみてください。

首のシワや二重あごも防ぐ

あお向け寝が苦手な人のための準備体操

●まずは背骨のゆがみをとる運動を

あお向けで寝ようといくら心にいい聞かせても、背骨がゆがんだままでは、すぐにあお向けの状態で寝ることはできません。そこで、まず背骨のゆがみをとるための寝返り運動をすることをおすすめします。

寝る前にこの寝返り運動をすることで、1週間〜1カ月ぐらいであお向け寝が身につきます。

また、この寝返り運動とともに、体のゆがみをとる運動や、横隔膜呼吸（184ページ参照）をあわせて行なうと、よりいっそう、睡眠による美容効果が得られます。

［寝返り運動］

①体をまっすぐ伸ばし、硬めのふとんの上にあお向けに寝ます。

②左右に30回ぐらい、ゴロン、ゴロンと寝返りを打ちます。

みをとる運動】

けに寝て、両腕と両足を軽く開き、小の字になります。

は伸ばしたまま、もう一方の足をクロスさせます。お尻が床から離れて腰が

ますが、顔はできるだけ足と反対方向に向けます。

③十分ストレッチができたら足を戻し、今度は反対の足で同じ動作をします。

④一連の動きを左右10回ずつくり返します。

⑤今度はふとんの上に正座をし、そのまま前屈します。このとき、肩、背中、腰をギュッギュッと床に押しつけるようにストレッチすると効果的です。

⑥元の姿勢に戻して、同じ動作を10回くり返します。

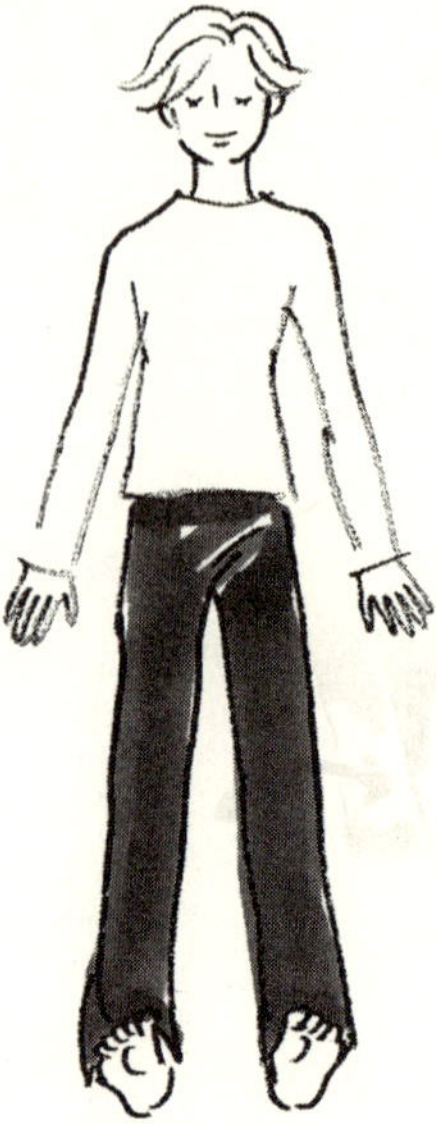

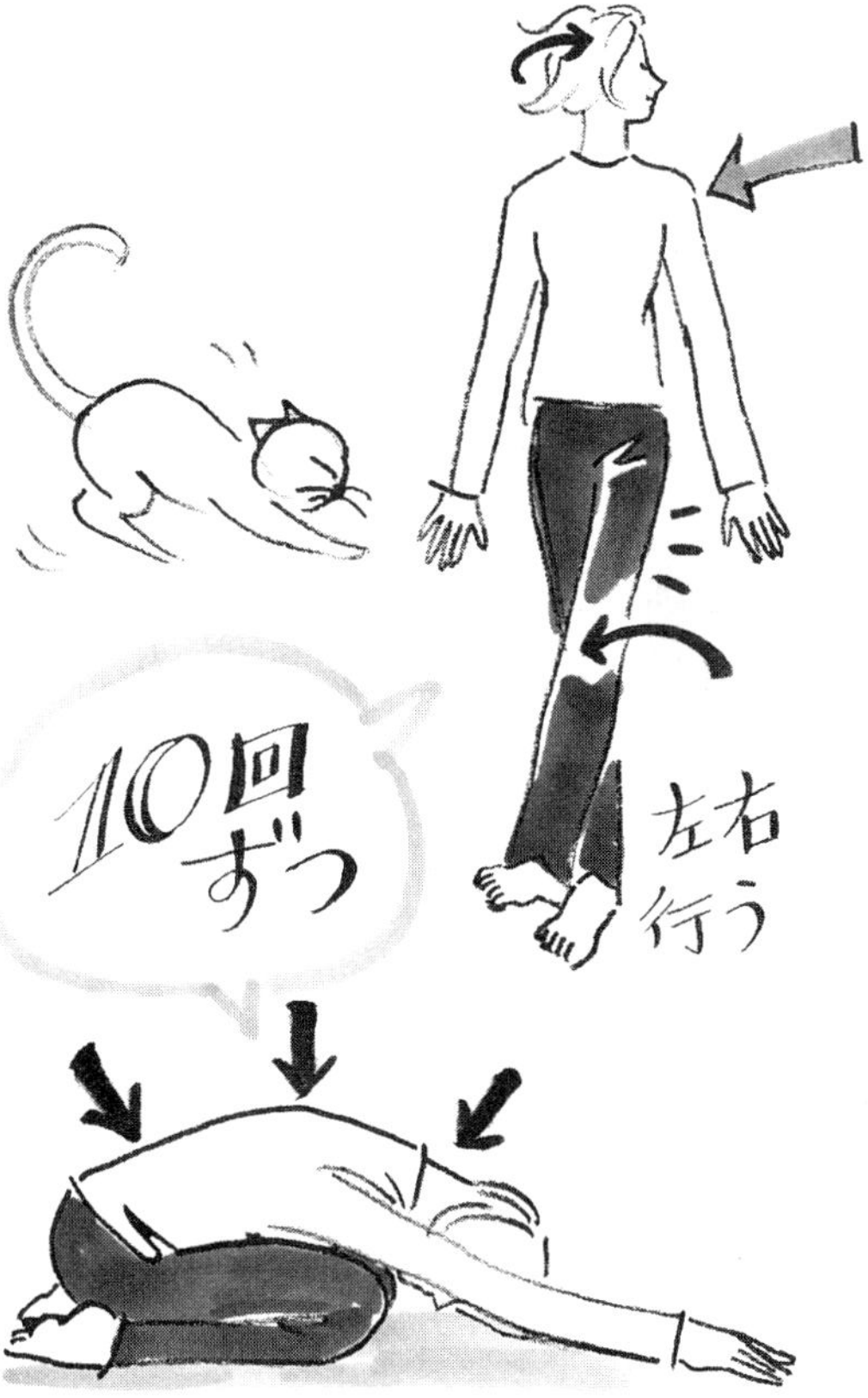
10回
ずつ
左右
行う

いい眠りを手に入れるための生活スタイル

●きれいになるにはベッドがおすすめ

床にふとんを敷いて寝るのか、ベッドで寝るのかでは、睡眠による美容効果に違いがあります。結論からいえば、きれいになるにはベッドに寝るほうがより好ましいのです。ただし、畳のような真っ平なベッドでないといけません。

これは、ふとんの中から出て立ちあがるときに、床の高さから立ちあがるより、ベッドの高さから立ちあがるほうが、重力による負担が少なくてすむからです。

床とベッドでは、高さにたいした違いはないようですが、毎日くり返しているうちに、少しずつですが違いが出てきます。

ここ数年、若い人たちの平均身長が飛躍的に伸びているのは、生活スタイルの欧米化によるところが大きいといわれています。ベッドやイスの生活は、床や畳に直接座ったり寝たりしていたそれまでの日本式の生活スタイルに比べて、位置エネルギーが少なくてすむぶん、体への負担も少なくなるのです。

57　あなたは眠っている間にどんどんきれいになります！

ただし、先ほども述べたように、ベッドはマット式のものより畳式のものがいいでしょう。ベッドのマットがやわらかすぎると、寝たときに腰とお尻が沈みこんでしまい、ちょうど前かがみの状態になって、体がゆがむ原因になります。

とはいえ、硬すぎても背骨や腰骨に負担がかかってしまうので、畳の上には、毛皮のような薄くて保温性のあるものを敷いてください。かけぶとんは気道を圧迫しないように、軽くて温かい羽毛ぶとんが理想的です。

ときどき、「骨に負担のかからないウオーターベッドならいいですか？」と聞かれることがありますが、私はおすすめしません。ウオーターベッドでは、一度体がゆがむと、ゆがんだまま体の形が固定されてしまいます。

そのため、曲がった体がそのまま維持されることになり、矯正されません。そのうえ、内部の水に自分の体温を奪われてしまいます。

すると、体は奪われた体温を補うのにエネルギーを使ってしまい、真の意味での骨休めにならないのです。

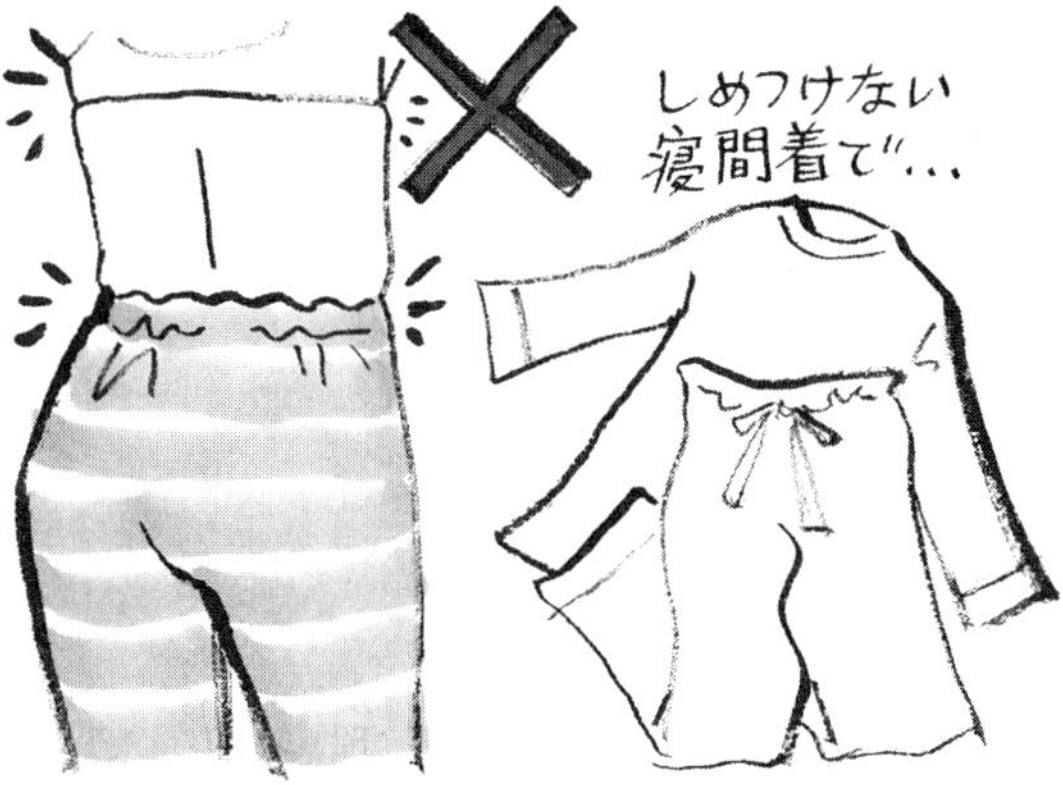

●血行をさまたげない
ゆったりした寝間着で

寝間着については、就寝中の血液循環をさまたげないよう、ゆったりしたものがいいでしょう。

血流が悪くなるほどおなかをしめつけてしまうような、きついゴムの入ったパジャマや下着は避けましょう。

同様に、たとえ昼間であっても、シェイプアップ効果を狙って体をギュッとしめつけてしまうような下着をつけるのも、あまり感心しません。

血行が悪くなって手足が冷えるなど、体調をくずしてしまう原因になります。

［きれいになる眠り方］

① まっすぐ上を向き、両腕は体から15センチほど離し、両足も10センチほど開いて、小の字の姿勢をとります。

② 上と下の歯を1ミリ開けて唇を閉じ、鼻呼吸をします。

③ 枕はしないか、頭をのせたとき0・5～1センチの厚みになる羽毛のものを使います。

④ 寝る前に必ず「朝まであお向けで寝るぞ」と気合を入れます。

⑤ できるだけ夜の12時前に床につき、大人なら8～9時間、子どもなら9～12時間の睡眠をとるようにします。

"朝まで
あお向けで"
15cm
15cm
歯を1mm開く
10cm
0.5〜1cm

正しい「眠り方」をマスターして2週間できれいに！

●早い人は1週間で効果が！

正しい「眠り方」の習慣がきっちり身につけば、早ければ1～2週間で顔のゆがみがとれ、シンメトリーの顔に近づくことができます。

さて、正しい眠り方をマスターできたら、美人への道は半分は到達できたことになります。次に大切なのは「呼吸」と「かみ方」です。この方法を間違っては、いくら正しい眠り方をマスターしても効果は半減してしまいます。一日でも早くきれいになるためには、正しい「眠り方」と同時に、正しい「呼吸」や「かみ方」を身につけることも大切です。

次の章では、「呼吸」と「かみ方」について、それぞれくわしくお話ししていきましょう。

part 2

「歯」と「口もと」で あなたの印象はガラリと変わる！

秘密は「呼吸」と「かみ方」

1……「呼吸」は見た目だけでなく健康にも影響します！

知っていますか？健康・美容にいい呼吸法

●あなたは口呼吸？　それとも鼻呼吸？

シンメトリー美人になるために欠かせない3つのポイントである「眠り方」「呼吸」「かみ方」のうち、「眠り方」についてはすでに説明しましたので、ここでは「呼吸」と「かみ方」についてお話しします。

あなたは、自分が鼻で呼吸をしているのか、口で呼吸をしているのかがわかっていますか？

おそらく、ジョギングや激しいスポーツでもしないかぎり、ほとんどの人が無意識のうちに呼吸をしていることでしょう。

口呼吸か鼻呼吸かで人の顔立ちはまったく違ってきます。口呼吸の人はなんとなく口もとがだらしなくなり、目がとろんとしたふぬけのような顔になります。鼻呼吸で口を閉じる生活をしていると口もとがキュッと引きしまり、目に輝きが出て、チャーミングな印象になります。

試しにまわりを見まわしてみてください。素敵だな、きれいだなと思う人は必ずキュッと口もとがしまっているはずです。

「口呼吸」か「鼻呼吸」かで顔のイメージはまったく変わる

●口で呼吸するのは人間だけ

本来、呼吸をするための器官というのは鼻です。口は、あくまでも食事をするための器官です。

事実、陸上で生活する哺乳動物の中で、口で呼吸することができるのは人間（正確には1歳以上の人間）だけです。ゴリラやチンパンジーなど、人間に近いといわれる類人猿でさえ、呼吸は鼻でしかできません。

犬は、いつも口でハアハアと呼吸しているように見えますが、呼吸はきちんと鼻でしています。犬には汗腺がないため、汗で体温を下げることができません。そのために、舌をラジエーター代わりにして体温を下げているため、一見、ハアハアと口で息をしているように見えるのです。

それではなぜ、人間だけが口で呼吸することができるようになったのでしょうか。それは、人間が進化の過程で言葉を獲得したためです。

人間以外のすべての哺乳動物は、気管と鼻が首の上部にある喉頭でつながっていて、鼻は呼吸のための器官、口は食事をするための器官と、役割が分担されています。ところが、人間は、言葉を話すようになったために、気管が口とつながり、口を気道としても使うようになりました。

こうして、私たちは鼻だけでなく、口からも空気を吸ったり吐いたりできるようになったのです。

●口はもともと呼吸するためのものではない

しかし、本来、呼吸器ではない口を使って呼吸するのは、とても不自然なことです。筋肉は使えば使うほど発達し、逆に使わないと働きが衰えてしまう性質があることは、ｐａｒｔ１でもお話しした通りです。

したがって、口呼吸ばかりしていると、鼻呼吸で使うべき筋肉に衰えが生じてしまい、顔をゆがめてしまうのです。

最近、街や電車の車内で、黙っていてもポカンと口の開いている人を見かけます。いわゆる〝ポカン顔〟の人ですね。同じ顔でもキュッと口角の上がった口もととポカンと開いた口もとでは、まったく印象が変わってきます。見た目だけでなく、ポカンと口が開いている人は性格までがなんとなくだらしなく感じられて、ひじょうに損をしていると思います。

しかしこれは、長年その人が口呼吸をしてきた結果なのです。

口呼吸チェック

口呼吸の人は、つねに口が開いたような状態になり、唇にしまりがなくなるだけでなく、アトピーや肌あれにも悩まされることが多いのです。ひとつでもあてはまれば、口呼吸をしている可能性大です。

- ①唇を閉じにくい
- ②ムリに唇を閉じようとすると、おとがい（下あご）にシワができる
- ③自然な状態にしているとき、無意識のうちに口が半開きになっていることがよくある
- ④上下の唇の厚さに差がある
- ⑤下唇が、ぽってりしたタラコ唇である
- ⑥いつも口角が下がっている
- ⑦前歯が飛び出して、出っ歯ぎみだ

⑧上下の歯のかみあわせが逆で、受け口である

⑨歯と歯の間にすき間が多い

⑩歯のかみあわせが悪い

⑪下ぶくれで、顔にしまりがない

⑫食事をするとき、クチャクチャと音をたててしまう

⑬いつも唇がカサカサに乾燥している

⑭朝起きたとき、のどがヒリヒリ痛むことが多い

⑮朝起きたとき、のどがカラカラに渇いていることがよくある

⑯鼻の穴を意識して動かしたり、自在に広げることができない

⑰笑ったときに、歯ぐきがむき出しになる

歯ならび・口臭・アレルギーが「呼吸法」ですぐによくなる！

●口呼吸で顔が変わるしくみ

人間は、食べものを飲みこむとき、唇を閉じて口の中を密封し、圧力を下げて（陰圧にして）飲みこみます。

ところが、口呼吸をしている人は、唇を開いて息をしながら食事をしています。そのため、ものを飲みこむ必要のあるときは、唇を閉じる代わりに、舌を歯と上あごに押しつけて密封状態をつくり、圧力を下げているのです。このとき、歯には舌によって40～60グラムぐらいの圧力が加わります。

歯はものをかむときのように、縦方向から加わる圧力には、50キログラムぐらいまで耐えられますが、横からの圧力にはきわめて弱いという性質があります。

歯列矯正は、こうした歯の性質を利用して、横から力を加える装具をつけて、歯ならびを美しくしているのです。こうした歯列矯正の装具が歯に加える横の力は、前歯では約20～70グラムです。

ということは、口呼吸をしている人は、ものを食べるたびに、歯列矯正と同じ、あるいは2倍に相当する舌の力で、歯を前へ前へと押し出していることになります。

これは、食事のときだけにかぎりません。だ液を飲みこむときも、つねに舌で歯を前へ前へと押しているのです。

こうして、絶えず歯を前へ前へと押すことによって、歯は少しずつ移動し、やがて出っ歯になったり、あごが前へ突き出す受け口になったり、上下の前歯がかみあわなくなったりします。

口呼吸の悪影響は、歯ならびだけにとどまりません。

鼻呼吸と違って口呼吸では、頬から上、鼻の周囲の筋肉（表情筋）を動かすことがほとんどありません。そのため、目もとがたるみ、小ジワが増えて、表情のゆるんだ〝ポカン顔〟になりやすいのです。

また、口を閉じないと、下唇は緊張する機会がなくなります。そうなると唇にしまりがなくなって厚くなり、〝タラコ唇〟（151ページ参照）になります。さらに、本来口は呼吸器官ではないため、口呼吸を続けていると、しだいに体中が酸素不足になり、皮膚も黒ずんで、シミだらけになってしまいます。そのほか、口臭がひどくなるのも、口呼吸によってだ液が渇き、舌にバイ菌が繁殖するためです。

●口呼吸は感染症のもとにも？

口呼吸の害は、まだまだあります。

私たちの身のまわりには、さまざまな細菌やウイルス、有害なガスが満ちあふれています。そして、呼吸をしなければ生きていけない以上、そうした有害物質が体内に侵入してくるのを防ぐことはできません。

それでも、空気を浄化して適度な湿り気を与える働きのある鼻で呼吸をしていれば、有害物質をふるいにかけ、きれいな空気をより吸収しやすい状態で体内にとりこむことができます。

たとえば、鼻から入った空気は、鼻のメインストリートである鼻腔と、その奥にある複雑な形をした副鼻腔を通過する間に、粘膜の表面に生えている繊毛と、粘膜から分泌される粘液（鼻汁）によってろ過されます。細菌類やダニ、ホコリなどの大半はここで捕らえられて、鼻水によって洗い流されてしまいます。

もし仮に、有害物質がここを突破したとしても、鼻とのどの奥にある扁桃リンパ輪

（免疫を担当する白血球の製造工場）で、ウイルスや細菌を撃退する白血球が待ちかまえています。ここで侵入物を捕らえて、無毒化してしまうのです。

ところが、口には鼻のような浄化装置がありません。そのため、汚染された空気はそのまま肺に入り、体内に行きわたってしまいます。口の奥や舌にも扁桃と呼ばれる組織がありますが、ここでは食物は浄化できても、空気中の異物に対してはほとんど無力です。

●鼻呼吸ならウイルスも撃退できる

つまり、鼻で呼吸していれば難なく撃退できるバイ菌であっても、口呼吸では感染してしまう危険があるのです。したがって、口呼吸は病気を吸いこんでいるようなものといっても、いいすぎではありません。

また、口呼吸では、乾燥した冷たい空気をいきなり吸いこむことになり、のどを傷める原因にもなります。そして、空気と一緒に吸いこんだバイ菌やウイルスが、のどを直撃して、体を守る最前線である扁桃リンパ輪の活動を阻害してしまいます。また、鼻を使わないために繊毛の働きが弱って、空気を浄化する機能もダメになってしまいます。そうして、口呼吸によってひからびた鼻とのどの粘膜には、乾燥を好むバイ菌たちが巣食うようになります。

するど、扁桃リンパ輪でつくられている白血球とバイ菌は、いわば〝お友達〟のように共存しあうようになり、白血球の中に生きたままバイ菌が潜りこみます。この性質が変わった白血球は、血液の流れに乗って体のすみずみにバイ菌を運び、行きついた先々の臓器を傷つけることになります。

たとえば、行きついたのが皮膚であればアトピー性皮膚炎や湿疹を、肝臓であれば肝炎を、骨髄であれば悪性貧血や白血病などの病気を引きおこすことになります。

このほか、口呼吸では舌が沈みこんで気道が狭められるため、いびきがひどくなったり、無呼吸を起こしたりする危険性も高めます。また、最近、味やにおいのわからない人が増えていますが、これも口呼吸による弊害ではないかといわれています。

●ほとんどの日本人が口呼吸している

以上のように、口呼吸は、百害あって一利なし。まさにブスになるために呼吸しているようなものといえます。

ところが、現代の日本人は、このブス製造法ともいえる口呼吸をしている人がほとんどです。これには、もともと日本人の大半は鼻が低いため、鼻で呼吸しづらい上に、戦後の誤った育児法が大きく関与しています。

赤ちゃんはお乳を吸うとき、口が自然にふさがって鼻で呼吸をします。このお乳を吸う唇の運動が、そのまま鼻呼吸の訓練にもなっているわけです。ところが、離乳食をはじめる1歳頃になって言葉を話せるようになると、口呼吸も覚えてしまいます。

そのため、欧米では、生後まもなくから4歳ぐらいまでの間、お乳の代わりとなるおしゃぶりを使わせて（乳児は母乳と併用して）、子どもが口呼吸に頼らず、鼻でしっかり呼吸をできるようサポートしています。

ところが、日本では、戦後「おしゃぶりをくわえさせていると、口の形が悪くなる」という誤った考え方が浸透し、お乳と一緒におしゃぶりもとりあげてしまうようになりました。そのため、離乳期から身についた口呼吸が改善されることのないまま成人してしまうことになったのです。

ちなみに、学校の体育の授業などで、「走るときは、鼻から吸って口から吐く」という呼吸法を教えるケースがありますが、これを日常の生活に応用するのは明らかに間違いです。

口から息を吐くのは、一般の動物でいうと、相手を威嚇したり、遠くにいる仲間とコミュニケーションをとろうとして吠えるときだけ、つまり声を発するときだけです。なかには、馬や豚などのように、口からはいっさい息を吐くことができず、ブウブウとかヒヒーンとか、鼻からしか声が出せない動物もいます。

人間の場合、真言密教などで〝気〟を出すとき（気とは体温と同じような生命エネルギーのこと）に、意識して口から息を吐くことがありますが、この状態を長く続けるのは、生命エネルギーを放出しつづけることになり、危険です。

つまり、鼻で吸って口から吐くという行為は、ふだんからそれだけ生命エネルギーを余計に使っていることになるわけで、体が疲れる原因となってしまいます。

こうした生命エネルギーという見地からしても、よほど激しいスポーツや修行をするときを除いては、鼻から吸って鼻から出すのが、正しい呼吸法といえるのです。

美人になる
鼻呼吸…
たるみ
小ジワ
タラコ唇
酸素不足
O_2
O_2
O_2
色黒
出っ歯
不美人を
つくる
口呼吸！
ウケロ
ウィルス
バイ菌

●慣れてしまえばあとは自然に

このように、幼児の頃から自然に身についた口呼吸を長年にわたって続けてきた人は、すぐには鼻呼吸に戻すことができません。

しかし、本書にあるテクニックを使えば、早い人で1～2週間、平均でも1カ月ほどで鼻呼吸をマスターすることが可能です。鼻呼吸をマスターするためのテクニックについては、86ページからを参照してください。

トレーニングによってスムーズに鼻呼吸ができるようになれば、あごや頰のたるみ、出っ歯、受け口、タラコ唇、むき出しの歯ぐき、歯ならびの乱れなどが改善されます。また、風邪をひきにくくなるなど、健康面でもおおいに有効です。このような変化は、鼻呼吸が定着するにつれ、しだいにハッキリとあらわれてきます。

はじめは少したいへんかもしれませんが、慣れてしまえばこっちのもの。日々の小さなトレーニングがあなたを確実にきれいにするのですから、鼻呼吸が板につくまで、途中でメゲないで、根気よく続けてください。

2……………「かみ方」を変えて、ゆがみ顔・肥満とサヨナラしよう！

食べものの「かみ方」で理想の小顔に！

●利きあごを知っていますか？

ものを食べることは、私たちが生きていく上で欠かせない重要事ですが、ものを食べるたびにくり返される食事の方法も、顔の造作に大きく影響してきます。

食事をするとき、あなたは、両側の歯を均等に使ってものをかんでいますか？

おそらく、大多数の人が左右どちらかのあごが「利きあご」になっていて、無意識のうちに左右どちらかの歯だけを偏って使ってものをかむ「片側かみ」をしているはずです。

例外はありますが、片側かみは、往々にして利き腕側に起こる傾向があります。この片側かみも、口呼吸と同じで、顔をゆがめてしまう悪癖なのです。

片側かみをしていると、必ず顔の左右のバランスがくずれてきます。とくにその影響があらわれやすいのがあごです。

よくかむ側のあごの筋肉は引きしまって縮み、口の端が上に上がります。同じように骨も、よく使う側のあごの骨だけが発達して、あごの形や角度が変わってしまいます。

一方、使わない側のあごの筋肉はゆるみ、頬がたれ下がります。その結果、左右に差が生まれ、アンバランスでしまりのない顔になってしまうのです。

ふつうは、かまない側のあごがおかしくなります。これが顎《がく》関節症です。正しくかんで眠り方と呼吸法を改めるとすぐに治ります。顎関節症は、偏った体の使い方で起こる変形症の一つの症状なのです。

●かみ方は目の大きさにも影響する

このように、利きあご側だけでかむ、片側かみを続けていると、左右の目の大きさにも変化があらわれます。一方だけでかむことによって口角が引き上げられ、その結果、口の端がグッと上がり、利きあご側の目の周囲の筋肉が極端に引きしまって、目が小さくなってしまうのです。

また、片側かみでは、同じ側の歯ばかりを酷使するため、歯ならびも悪くなります。

さらに、片側かみは全身に影響を及ぼします。

顔と首の筋肉は連動して使われています。そのため、長年、片側かみを続けていると、しだいに首の筋肉は利きあご側に引っぱられて縮み、やがて、利きあご側へ首が傾いてしまいます。ちょうど、小首をかしげたような格好になるわけです。

こうして、頸椎《けいつい》（背骨の首の部分）が曲がってしまうと、それに連動して、今度は胸椎《きょうつい》（背骨の胸の部分）が曲がり、やがて骨盤も傾きはじめます。ちょうど、一方の肩と腰が、斜め下の方向に傾いた状態になってしまうのです。

このように、片側かみによってあごの筋肉や骨のゆがみが進行すると、顔ばかりか、全身の骨格にまでゆがみをもたらしてしまいます。

そして、骨格がゆがむと、骨を支える筋肉の動きが不自然になって、脂肪がつきやすくなるというデメリットまであるのです。

3つのクセを直して均整のとれた美しい体・顔になる

●ほとんどの人が3つ一緒にクセになる

顔をゆがませる原因となる「誤った寝相」「口呼吸」「片側かみ」の3大悪癖は、実は互いに深く関係して連鎖反応しますから、ひとりで3つのクセをあわせ持っているのがふつうです。

たとえば、先に述べた口呼吸をする人は、必ずといっていいほど片側かみのクセがあります。

これは、口呼吸をする人は歯ならびが乱れ、それに連動してあごの形もゆがんでくるため、片側かみを誘発しやすいからです。そして、片側かみのクセのある人は、よく使う側の体を下にして眠るクセがあります。片側かみを続けていると、利きあご側の筋肉が縮んで、首が利きあご側へと傾いてしまいます。首が傾くと、傾いた側を下にして寝ることで体の安定を得ようとします。そのため、利きあご側を下にした横向き寝やうつ伏せ寝のクセがついてしまうのです。

このようにして、クセがクセを呼び、外から加わる力はどんどん倍加されて、顔のゆがみに拍車がかかります。

とくに、片側かみプラス横向き寝の影響は、顔の造作にとどまらず、首の骨が左右にゆがむ「頸椎側湾症」や、背骨が左右にゆがむ「脊椎側湾症」といった病気をもたらす可能性があり、放っておくと危険です。

口呼吸や誤った寝相と同様、片側かみも顔をつぶすだけでなく、健康にも害を及ぼすクセです。しかも、あごを直撃する片側かみが顔に及ぼす影響は深刻で、早急に直す必要があります。

あごを直撃して顔をどんどん醜くゆがめ、誤った寝相まで誘発してしまう片側かみを直すには、ガム療法（99ページ参照）が有効です。

正しい眠り方や鼻呼吸トレーニングとあわせて実行すれば、みるみる顔のゆがみがとれて、驚くほどきれいになれます。

片側かみチェック

片側かみをしている人の顔には、独特の左右差があります。
鏡を見ながらチェックしてみましょう。
ひとつでもあてはまれば、片側かみのクセがあるかもしれません。

- □ ①どちらか一方の口の端が上がっている
- □ ②左右の頬のハリが違う
- □ ③左右の目の大きさが違う
- □ ④いつも小首をかしげるクセがある
- □ ⑤一方のほうが下がっていて、全身が傾いている感じ
- □ ⑥いつもテレビや雑誌を見ながら食事をしている
- □ ⑦「イ〜」と口を開けて鏡を見ると、上下の前歯の中心線がずれている

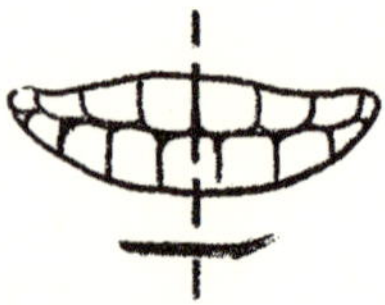

□ ⑧左右のエラ骨のつけ根にふれながら口を開け閉めすると、ガクガクする

□ ⑨リンゴやおせんべいなどの硬いものより、ヨーグルトやプリン、バナナなど、やわらかいものが好き

あごがグッと引きしまる《鼻呼吸のトレーニング法》

きちんと鼻呼吸ができるようになると、あごがグッと引きしまり、目は輝いてきて見ちがえるほど端整な顔になれます。あなたもあこがれの美人顔を目指して、鼻呼吸をマスターしてください。

①鼻の洗浄

鼻呼吸をスムーズに行なうには、まず、鼻の通りをよくしておくことが必要です。口呼吸の人は、鼻に十分な空気の出入りがないため、鼻の中（鼻腔内）がひじょうに汚れています。まずは鼻の中の汚れをとって、空気の通りをよくしておきましょう。

鼻の洗浄には、市販のコンタクトレンズ用の眼薬（「ロートフラッシュ」「アイボンL」など）を利用します。コンタクトレンズ用の眼薬の成分は、涙とほぼ同じ濃度の食塩水なので、鼻の粘膜に負担がかからず安心です。ただし、保存料を添加していないものを選ぶようにしましょう。

鼻の洗浄をするときにこの眼薬で目も洗浄すれば、キラキラと輝く目になります。

ところで、鼻炎や蓄のう症などの病気で鼻の悪い人がいます。こうした人は、鼻から酸素をスムーズに吸いこむことができないので、まず、耳鼻科で治療を受け、鼻の状態を改善してからはじめてください。

【鼻の洗浄法】

①あお向けに寝て、眼薬を片方の鼻の穴に1～2滴落とし、その後、眼薬をたらしたほうの鼻だけかみます。

②同様に、もう一方の鼻にも眼薬をたらし、鼻をかみます。

③もし、眼薬がのどに流れてきたら、飲みこまずに吐き出します。洗浄は、左右の鼻を1回ずつ、1日に3～4回行ないます。

あお向けで
眼薬を
1〜2滴

たらしたほうの
鼻だけかむ
(左右
1回ずつ)
1日
3〜4回

②鼻呼吸のやり方

「口と肛門をキュッと閉ざした状態で、上下の歯を1ミリほど開け、横隔膜を使って息を鼻から吸って鼻から出す」

これが、正しい鼻呼吸のやり方です。肛門を閉ざしておくことは、呼吸と直接関係ないように思われるかもしれません。しかし、肛門がゆるんでいると、それに連動して口もともゆるんでしまうのです。

つねにこの状態を保つのは難しいかもしれませんが、気がついたときに、背筋を伸ばしてあごを引き、骨盤を意識して肛門を閉じ、胸を張って呼吸するよう習慣づけましょう。また、鼻呼吸を習慣にするには、ふだんから唇を閉じるように意識することが大切です。食事をするときも、きちんと唇を閉じてかむようにしましょう。口を開けて食べると、クチャクチャと音をたてることになり、マナー違反にもなります。

人前だったり、自分が意識しているときには鼻呼吸をしていても、気がゆるむと口呼吸に戻りがちです。

テレビを見るときや雑誌・本を読んでいるとき、インターネットに熱中しているときなど、ひとりでいるときはもっとも注意が必要です。

とくに、一日の終わりで心身ともにリラックスしている夜は、口呼吸になりやすいので気をつけてください。また、友達とのおしゃべりに夢中になっているときも、口呼吸に戻りやすいので要注意です。

つねに口もとに意識を向けることが、鼻呼吸を習慣にする早道であることを、よく覚えておいてください。

③ 睡眠中はどうすればいい？

長年つちかわれた口呼吸のクセは、一朝一夕で直るものではありません。とくに、睡眠中は無意識になっていますから、呼吸の仕方までコントロールすることができないのが現実です。

そこで、寝ている間に口が開いて口呼吸にならないよう、唇を市販の紙ばんそうこうで閉じたり、市販のマスクで口もとを覆ったりして眠ると、より効果的に鼻呼吸を

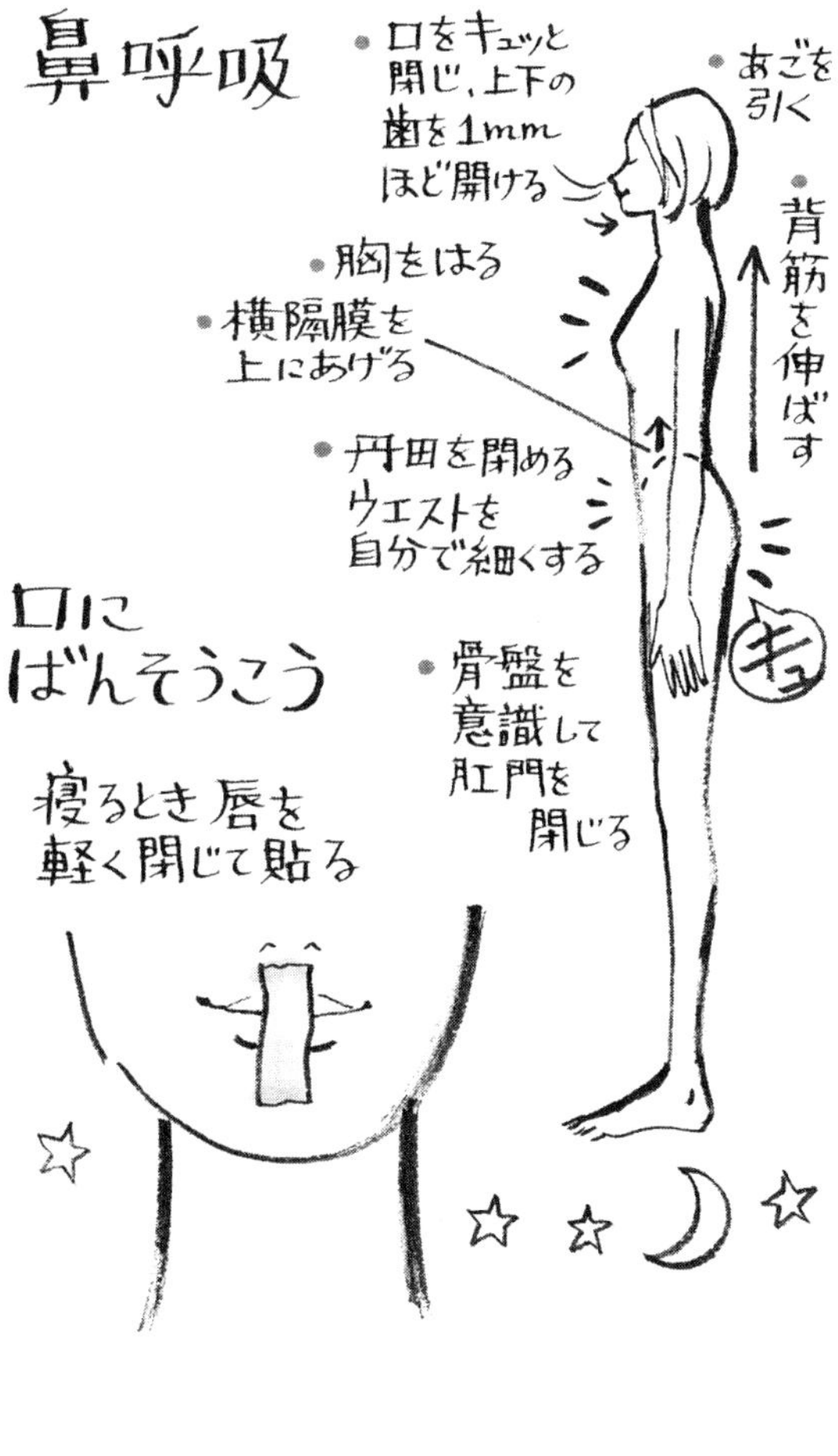
鼻呼吸
・口をキュッと閉じ、上下の歯を1mmほど開ける
・あごを引く
・背筋を伸ばす
・胸をはる
・横隔膜を上にあげる
・丹田を閉める ウエストを自分で細くする
・骨盤を意識して肛門を閉じる
キュ
口にばんそうこう
寝るとき唇を軽く閉じて貼る

身につけることができます。

紙ばんそうこうを使う場合は、ばんそうこうで唇を閉じても息が苦しくないことを十分に確認してから行なってください。睡眠中に息ができなくなってしまったらたいへんです。必ず起きている間に何度か試して、息苦しくならないか、ちゃんと安全を確認しておきましょう。

紙ばんそうこうは、息が苦しくなったらすぐはがせるよう、粘着力が弱く、かぶれにくいものを選んでください。

皮膚が弱く、紙ばんそうこうではどうしてもかぶれてしまうという人は、専用の口唇テープがあります。

紙ばんそうこうやカットバンは、唇を軽く閉じて、唇の真ん中に、十の字の形に貼ります。ぴっちりと口を閉めるように強くばんそうこうを貼ると、くしゃみをしたときに空気の逃げ場がなくなり、鼓膜がやぶれる危険があります。ゆるめに口を閉じる程度に貼るようにしてください。

マスクを使う場合は、鼻をふさがないよう、口だけを覆うようにかけてください。あらかじめ、マスクの上部3分の1を折っておくと、口だけを覆いやすくなります。

④鼻呼吸をラクにするグッズ

口呼吸の人は、きちんと鼻を使ってこなかったため、鼻の機能が衰えぎみです。鼻の内側の鼻腔の状態が悪く、鼻呼吸に慣れるまではスムーズに酸素を吸いこめない人もいるはずです。そういうときは、鼻呼吸をサポートするグッズを利用してみましょう。かなりラクに鼻呼吸ができるようになります。

[鼻の通りがよくなるノーズリフト]

鼻腔を広げて空気の通りをよくする器具に、「ブリーズライト」と「ノーズリフト」があります。

ブリーズライトは、スポーツ選手が使って効果をあげていることから知られるようになった器具で、ばんそうこうのようなテープの中にプラスチックのバネをはめこんだものです。

これを使うと、鼻の穴が広がって、空気の通りがよくなります。就寝時に利用すると、いびきを防ぐこともできます。

ノーズリフトは、私が開発した十八金製の器具です。

これを装着すると、鼻が高く持ち上げられて空気の通りがよくなります。ブリーズライト同様、昼夜を問わず、就寝時にも使用することができます。

ノーズリフトは、鼻背を高くつり上げるため、使いつづけているうちに鼻すじがまっすぐになり、鼻が高くなるという、うれしいメリットもあります。

また、このノーズリフトは、体調の悪いときにも有効です。

鼻呼吸に慣れていないと、鼻から十分な酸素をとりこめず、酸欠状態になりがちです。人の集まる場所に行くと決まって頭痛のする人は、人目を気にして口を閉じ、慣れない鼻呼吸を行なうため、脳が酸欠状態になっているのです。

こんなとき、ノーズリフトを使うと、呼吸がラクになって酸素が体中にしっかり行きわたるようになり、頭痛が解消します。


【ポカン口対策に最適！　大人用おしゃぶり】

一方、口をしっかり閉じて鼻呼吸を習慣づけるための器具として、大人用のおしゃぶり「ブレストレーナー」があります。

すでにお話ししたように、日本では、口呼吸が幼児期からはじまるケースの多い理由のひとつに、おしゃぶりをとりあげる時期が早すぎることがあります。

そのことからもわかるように、おしゃぶりは口を閉じ、鼻から息を吸う習慣を身につけるのにひじょうに有効です。

ですから、たとえ大人であっても、鼻呼吸をマスターするために、おおいにおしゃぶりを活用すべきです。

おしゃぶりのよい点は、口の真ん中でくわえないと座りが悪いため、自然に口の真ん中でおしゃぶりを吸うようになるということです。そのため、口を閉じてあごを均等に使うようになり、咀嚼《そしやく》筋が左右均等に運動して、歯ならびもよくなります。

そうした点を考慮して私が開発したのが、ブレストレーナーです。やわらかいシリコン製で歯に負担をかけないので、年齢を問わず、安心して使うことができます。

眠るときにこのブレストレーナーをくわえて寝ると、いびきと歯ぎしりの予防になります。

そのときは、ブレストレーナーを口の真ん中にくるようにくわえて、唇を専用のテ

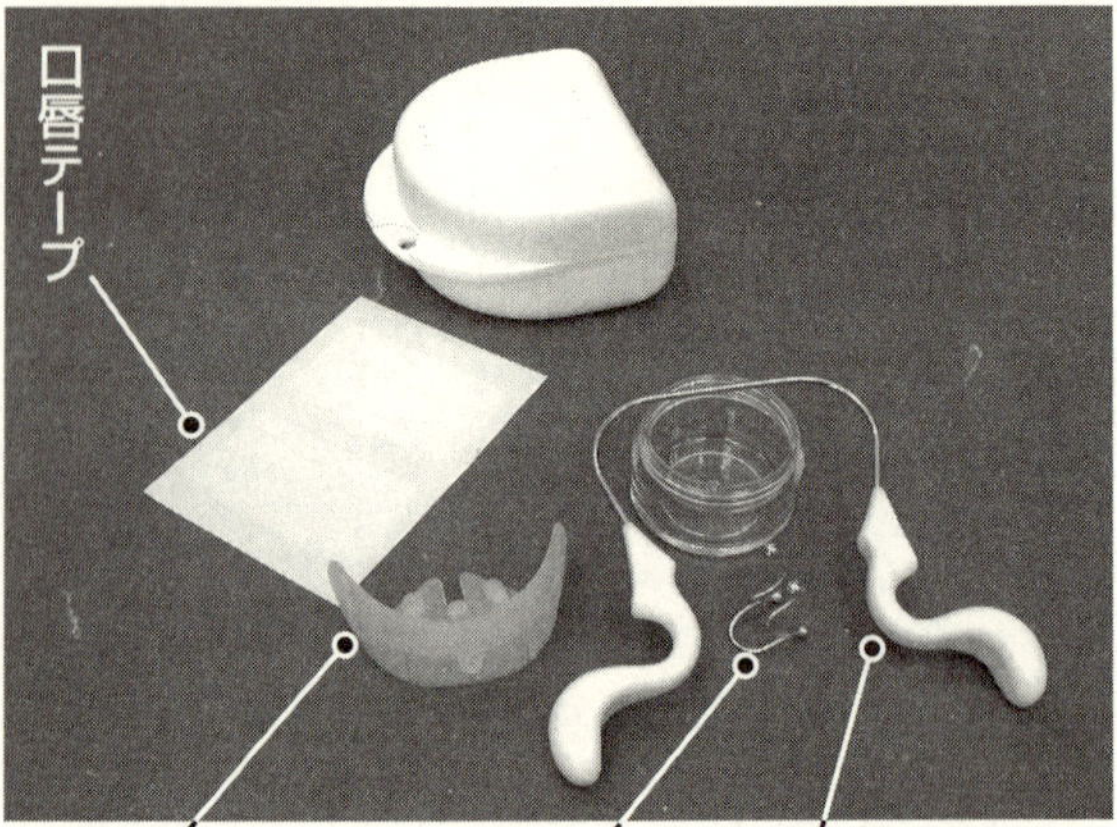

ープで貼ってから眠るようにしてください。

また、ブレストレーナーを使うと、顎関節症の治療や、片側かみや歯ならびの矯正にも役立ちます。

そのほか、鼻呼吸をサポートする器具には、口呼吸でたるんだ唇を引きしめるトレーナー器具として、「スリムホホ」があります。

これらの器具を上手に利用して、一日も早く鼻呼吸を身につけてください。

⑤ 鼻呼吸が身についてきたら

鼻呼吸をはじめてしばらくすると鼻汁が出るようになり、それが乾燥して、鼻の内側が渇きやすくなります。寝ている間に鼻汁が渇いて固まり、朝起きたときにベリッとはがれることもあります。

これは、鼻呼吸が習慣づいてきたサインで、一時的なものですから心配する必要はありません。空気が鼻をさかんに通るようになったために鼻の粘膜が活動しはじめ、一時的に乾燥するだけで、そのまま鼻呼吸を続けているうちに粘膜が鍛えられて、しっとりと鼻汁が流れるようになります。

また、鼻呼吸が身につきはじめると、鼻のまわりの筋肉も発達して、鼻の穴を自在に動かすことができるようになります。これは、鼻の周囲にある「鼻根筋」や「鼻筋」などの表情筋が、鼻呼吸をすることで鍛えられるためです。

鼻呼吸のトレーニングを続けるうちに、顔をゆがませる原因である「外力」がとりのぞかれると同時に、今まで使われていなかった筋肉を正常に働かせることで、顔全体の筋肉が引きしまり、表情もグンとよくなってきます。

鼻呼吸に慣れないうちは、鼻に違和感を感じることもあるかもしれません。しかし、早い人なら2週間、平均でも約1カ月ほどでマスターできます。

顔をシンメトリーに近づける《片側かみ矯正トレーニング法》

顔をシンメトリーに近づけ、歯ならびを美しく保つには、食事中、口を閉じて、食べものを左右の奥歯で均等にかむことが大切です。決まった側のあごばかり使っていると、使わない側の咀嚼筋が衰えてしまいます。

こうした片側かみのクセがあると、顔に左右差ができてゆがんでしまうばかりでなく、頬がたるんだり二重あごになったりして、大顔になってしまいます。

知らず知らずのうちに顔を変形させてしまう恐ろしい片側かみのクセは、一刻も早く直したいものです。

ここでは、片側かみの矯正に効果の高いトレーニング法を紹介します。いずれも簡単な方法なので気楽に始められます。

①ガム療法

片側かみのクセを直すには、ガムをかんで筋肉の発達を促す「ガム療法」がもっとも効果的です。これは、ふだん使っていない側の歯でガムをかみ、筋肉の発達を促して、顔のゆがみをとるという方法です。

慣れないうちは、あごがだるくなったり痛くなったりしますが、心配はいりません。痛みがあっても、ガムを正しくゆっくりかみつづけていれば、そのうち痛みは消えてしまいます。

また、ガムをかんでいないときには、歯と歯をがっちりかみあわせないよう、上下の歯の間をつねに1ミリほど開けるようにしてください。歯を食いしばると、その力で歯が沈みこんでしまいます。

ガム療法を行なうと、ふだん使っていないあごの筋肉がしだいに鍛えられ、あごの筋肉が引きしまると同時に顔の左右差もなくなり、スッキリしたシンメトリーの美しい顔になります。

また、ガム療法によってしっかりガムをかむことは、片側かみの矯正だけでなく、病気に対する抵抗力を高めることにもつながります。

顔の表情筋や咀嚼筋は心臓と同じエラの呼吸筋に由来しており、扁桃リンパ輪や脳、胸腺、肺などの器官と連動していて、互いに影響しあっています。ものをよくかむことで咀嚼筋が活性化すると、それに連動して心臓も肺も扁桃リンパ輪の働きも活発になり、元気な白血球がたくさんつくられて、細菌やウイルスを撃退する力もアップします。

また、昔から、「食べものをよくかむ人はボケない」といわれますが、これも、口を動かすことで顔の筋肉が活性化し、それに連動して脳も活性化するためです。最近もの忘れが激しいとか、記憶力が悪くなったと感じることがある人は、ぜひガム療法を実践してみてください。

なお、虫歯など、歯のトラブルでしかたなく片側かみになっている人は、歯の治療を終えてからトレーニングを開始してください。

ガム療法
キシリトールガムを用意
首を左右に倒してつっぱる首側が利きあご
リズミカルに
利きあご
反対側
1日2回
5〜10分
1日3回
1回60分ぐらい

【ガム療法のやり方】

①市販のキシリトール（キシレンという物質からとれる、虫歯にならない甘味料）入りガムを用意します。粒状のものと板状のものがありますが、粒状のもののほうが量を調節しやすく、このガム療法には適しています。

②自分の利きあごを調べるため、まず、意識しないでガムを口に入れ、かんでみます。とっさに使ったほうのあごが利きあごです（利きあごは、次の方法でも確認できます。利きあご側の首の筋肉は、顔の筋肉に連動して縮んでいるので、反対側へ首を曲げると、首の筋が突っぱるような感じがします。首を左右に倒してみて、どちらかの首が突っぱるようなら、そのつっぱる側が利きあごです。たとえば、首を右に倒してつれる感じがあれば、そちらが利きあごです）。

③利きあごがわかったら、ガムを利きあご側に1個、反対側に2個入れます。

④唇と肛門を閉じ、鼻呼吸をしながら、真正面を向いてリズミカルにガムをかみます。このとき、あごを引き胸を張って背筋と首筋を伸ばします。

⑤①〜④の要領で、最初は1日に2回、1回にガムをかむ時間は5〜10分くらいではじめます。徐々に1回にかむ時間を延ばしていき、最終的には1回に60分ぐらい

かみつづけるようにします。

⑥慣れてきたら、1日に行なう回数を3回に増やし、横隔膜呼吸をしながら（191ページ参照）、ガムをかむようにします。また、片側かみのクセがとれてきたら、両あごで均等にかむようにしてください。

②ひと口最低30回かんで食べる

ガム療法のトレーニングと併行して、食事の仕方にも注意しましょう。

食べものを口に入れたら、唇を閉じ、あごを左右均等に使うよう意識しながら、よくかんでください。このとき、鼻呼吸をすることも忘れないように。

あごを均等に使って片側かみの矯正を促すと同時に、あごをよく使うことで顔周辺のたるみが解消され、スッキリした小顔になれます。

また、ひと口に少なくとも30回、できれば50回かむようにします。「かむ」という動作には、脳の神経を刺激して、消化器系の働きを促す作用があります。

かむ回数が少ないと、あごの動きが脳に十分伝わらず、消化器系がうまく働きません。その結果、まんべんなく栄養を吸収することができず、健康がそこなわれ、体調をくずす原因となります。

また、美貌だけでなく、健康面からも、よくかんで食べることはひじょうに重要です。両側のあごを使ってよくかむことを、しっかりと習慣づけたいものです。毎日意識して食事をしていれば、2週間程度で両あごを使ってしっかりかめるようになります。

③ 食べるだけできれいに⁉ 「美人顔をつくるメニュー」

最近の若い人は、プリンやヨーグルトなど、かみごたえがなく、あまりかまなくてすむものを好む傾向が強いようです。しかし、やわらかいものばかり食べていては、けっして美人にはなれません。よくかんで食事をすることは、美人になるための鉄則。ふだんから両方の歯を均等に使って、かみごたえのある食品をよくかんで食べることが、咀嚼筋を鍛え、美人顔をつくる早道なのです。

また、よくかんで食べることは、食欲をつかさどる満腹中枢への刺激が強くなり、少量で満腹感が得られるので、ダイエットにもつながります。

さらに、よくかんで食事をすると、だ液の分泌がよくなります。だ液には歯を保護したり、食事の味覚を伝えたりする働きがありますが、もっとも重要なのが、食べものを消化して、口の中の細菌を消毒するという役割です。

だ液の中には、ペルオキシダーゼという、ガンを予防する効果があるといわれる酵素が含まれています。ですから、よくかんでだ液の分泌を促すことは、健康を保つ上でも重要です。

美人になるために食べたい食品としては、リンゴやイモ類、カボチャなど、歯ごたえがあって繊維質の豊富なものと、ミネラルたっぷりのワカメやヒジキなどの海草類があげられます。栄養のバランスを考慮して、豆腐やチーズなどのやわらかいもの、魚や肉類なども適度に食べるようにしましょう。ただし、いずれも冷やした状態では食べないようにしてください（174ページ参照）。

味つけについては、塩選びがポイントになります。人間の体は栄養塩類（ミネラル成分）が不足しがちです。そのため、塩からそれらを補給しなくてはなりません。塩を選ぶときは成分内容をよく見て、マグネシウムやイオウ、カリウムが豊富で、ナトリウムが30パーセント程度にカットしてあるものを選ぶようにしましょう。

美人Menu
30~50回かむ
歯ごたえ!
繊維質豊富!!
リンゴ、イモ類、
カボチャ

ミネラルたっぷり!!
ワカメ
ヒジキ
海草
栄養バランスで…
冷やさずに…
塩選びがpoint!
Salt
マグネシウム、
イオウ、カリウムが
豊富で
ナトリウムが30%
程度のもの

あごや頬のたるみが消える目が大きくなる！

●鼻呼吸と正しいかみ方で全身美人に！

正しい呼吸と片側かみ矯正のトレーニングを続けて、きちんと鼻で呼吸をし、両側の歯でかんで咀嚼筋を鍛えれば、あごや頬のたるみが消えていきます。

また、目がパッチリと大きくなり、ふぬけの顔がガラッと変化して表情もイキイキとしてきます。さらに、顔の筋肉がバランスよく鍛えられると、それに連動して全身の筋肉や骨も矯正され、背筋が伸びて姿勢もよくなります。

つまり、正しい鼻呼吸と両側かみを身につけ、歯やあごに対するダメージを減らし、口もとを引きしめることがきれいの基本。

こうして、正しい眠り方をマスターし、正しい呼吸やかみ方のトレーニングをし、端整な顔と、スラリとしたスタイルのいい全身美人になれるのです。

3……………私たち、クセを直したらこんなにきれいになりました！

直す前とあとで、自分でも「あっ」と驚くほどいい顔になった！

長坂陽子（51歳）

●虫歯が原因で顔にゆがみが

私が西原先生のもとを訪れたのは、実は痔の治療が目的でした。ずっとお世話になっているかかりつけの内科の先生に、ご紹介いただいたのがきっかけです。

その頃の私は、痔のほかに、歯の調子も悪くてとても困っていました。それで、かかりつけの先生に相談したところ、「肛門とか歯とか局所的なことじゃなくて、体全体を診てくれる先生がいるから一度診てもらったら？」とすすめられたのです。

私は以前から民間療法などにも興味があったので、痔の治療に呼吸の仕方や歯の健康が大きく影響するという考え方にまったく抵抗はありませんでした。むしろ、そういうこともおおいに考えられるのではないかと思い、さっそく西原先生の外来を予約しました。

初診のとき、西原先生がご指摘になったのは、まず顔と姿勢のゆがみについてでした。たしかに、鼻筋の曲がっていることや、左右の肩の高さが違うことは、自分でもずっと気になっていました。また、自分ではそれほど意識していなかったのですが、人からよく「猫背になっているわよ」と姿勢の悪さを注意されることもよくありました。

先生によると、あごのラインにもへこみがあるとのことで、そうした顔や姿勢のゆがみは、かみあわせが悪いことが一因だといわれました。

実は、1年ほど前に治療をした右の歯が、治療直後からしみたり響いたりして、ずっと調子が悪かったのです。それで、それまでは右側の歯を使ってかんでいたのが、しかたなく左でかむようになっていたのです。

西原先生のおっしゃるには、そもそも右の歯が悪くなったのも、それまでの右のあごによる片側かみのクセが原因。虫歯になって突然、利きあごを左に変えたことで、さらに顔が複雑にゆがんでしまったのだというのです。

そこで、先生はかみあわせをよくするために、両側の歯を均等につかってかむようにとガム療法を教えてくださいました。

私の場合、長年、右側のあごでかんでいたので、あまり使っていない左側のほうに粒状のガムを1個半、右側に半個入れてかむようにといわれました。教わった当初は、毎日、時間さえあればかむようにし、その後は、1日3回、1回につき30分程度、一生懸命ガムをかむようにしました。

ところが、3カ月ほどたってわかったことなのですが、ガム療法ではあまり一生懸命かみすぎるとかえってよくないらしいのです。

先生から「歯をくいしばるようにして一生懸命かむと、歯が沈みこんでしまって意味がないですよ。かみしめない程度に軽くかんでください」といわれて、それからはアドバイスを守って軽くかむように気をつけました。

●鼻呼吸で痔の痛みも解消

痔については、肛門が開きっぱなしになっているのが原因ということで、必ず口と肛門をピッタリと閉じて鼻で呼吸するクセをつけるようにといわれました。トイレのあとには、指で肛門をグッと中に押しこむようにとのアドバイスも受けました。

また、寝るときにはノーズリフトをつけて、口にテープを貼り、あお向けに寝るようにとのご指導もいただきました。もともと、上を向いて寝ていたので、あお向け寝はさほどたいへんではなかったのですが、テープで唇がかぶれてしまうのには困りました。しかたなく、テープは貼らず、ノーズリフトだけつけて寝ることにしました。

今までまったく自覚がなかったのですが、私には口呼吸のクセがあったらしく、鼻呼吸トレーニングをはじめてからも、気がつくと口が開いているんです。いつからそういうクセがついたのかはっきりとはしませんが、小さい頃、副鼻腔炎でしょっちゅう鼻水が出たり、逆に鼻がつまったりしていたので、その頃についたクセなのかもしれません。

実は、その副鼻腔炎を治すため、小学校2年生のときに扁桃腺とアデノイドの除去手術を受けているのですが、西原先生には、それもよくなかったのだといわれました。扁桃腺やアデノイドは免疫に関わる大切な部位。免疫機構自体がないと、口呼吸によってとり入れられたバイ菌が体内に侵入するのを防ぐことができないので、致命傷になりかねないのだそうです。このお話を聞いて、ますます、口呼吸をやめて鼻呼吸を身につけなくては、と思いました。

ただ、睡眠時間を8時間とることや、寝る前の横隔膜呼吸法や体操は、忙しくてあまり守ることができませんでした。

先生のアドバイスを完璧には守れないものの、自分にできる範囲でトレーニングを続け、鼻呼吸や正しいかみ方がしだいにできるようになってくると、痔や歯の痛みも少しずつですがやわらぐようになりました。そして、治療を開始してから8カ月後には、炎症がほとんど消えました。

●曲がっていた鼻筋や背筋もまっすぐに

体調がよくなるのに合わせるかのように、体のゆがみも改善されていきました。街中などで、偶然ショーウィンドーに映っている自分の姿を見かけても、猫背がちっとも気にならなくなりましたし、以前は左肩にしかショルダーバッグをかけられなかったのが、肩の左右差がとれ、どちらの肩にでもショルダーバッグをかけられるようになりました。

顔については、初診のとき、西原先生から「鼻筋の出っぱっているところを、1日1回、親指で押してごらんさない。きれいになるよ」といわれました。あっという間に鼻筋がまっすぐ通って、見ちがえるほど美人になるよ」といわれました。でもつい忘れてしまって、たまに思い出したときに押す程度でした。それでも2〜3カ月たった頃に、先生から「鼻のゆがみがとれて、いい顔になりましたね」とほめられたんです。

たしかに、初診のときに先生にとっていただいた顔写真を見てみると、「ええっ、私ってこんな顔だったの!?」と自分でも驚くほど今と顔つきが違っているのです。ゆがみもそうですが、顔に全然生気がなくて、「こういう顔の人には近づきたくないわ」と思ってしまうような顔だったんですね（笑）。誤った生活習慣による体調不良が、こんなにも顔にあらわれるものかと感じました。

●周囲の人の顔のゆがみが手にとるようにわかる

それで、あらためていろいろな人の顔を見てみると、人間の顔って、本当にゆがんでいるものなのです。世の中にはいろんな顔つきをした人がいますが、好ましくないゆがみは間違ったかみ方や呼吸法が原因――そう思うと、私は先生の教えを学ぶ機会に恵まれて本当によかったなとつくづく思います。

普通のお医者さまはご自分の専門のことはよくお話しになりますが、体全体のことをおっしゃる方はあまりいらっしゃいません。その点、西原先生は全身のしくみや機能、そしてその正しい使い方についてきちんと、しかもわかりやすくお話ししてくださいます。それで、その治療法がとても理屈に合っているのだということを納得でき、安心して長く治療を続けられるのだと思います。

私は、体調にしろ体のゆがみにしろ、「今現在、これで完璧」というものはないだろうと思っています。一生を通じて、そうした理想の状態に近づけていくものなのだろうと理解しています。

私は先生から、自分の健康をチェックする上でのよい基準を示していただいたのだと感謝しています。先生から学んだことを一生続けて、私なりの理想に近づけていきたいと思っています。

わずか1週間で体の不調がすべて消え、目がパッチリと大きくなった

斉藤真理亜（28歳）

●原因不明の疲労感に病院をハシゴする日々

子どもの頃はとても元気だったのですが、25歳になった頃から、ひどい倦怠感や頭痛、めまいに襲われるようになりました。病院でいろいろと検査をしてもらっても、どこにも異常は見つからず、ただのストレスだろうといわれます。しばらく様子を見ても、ちっとも症状が改善しないため、また別の病院で診てもらうのですが、やはり結果は同じです。でも、どんなに大丈夫といわれても体調はよくありません。

それで、あちこちの病院をハシゴしては、ありとあらゆる検査をしてもらいましたが、結局、異常は見つかりませんでした。

体調が回復しないまま、途方にくれていたところ、母がたまたま知人からすすめられて西原先生のお書きになった『健康は「呼吸」で決まる』という本を読み、

「もしかしたらあなたもこれかもしれないわよ。とりあえず本を読んでみたら」と私にもすすめてくれました。先生のご著書を読んだ私は、母のいう通りかもしれないと思い、わらにもすがる思いで、先生のもとを訪れました。それが、２００年の春のことです。

●冷たいもの対策にポット持参で通勤

先生は私の歯ならびやあごの形、顔全体のバランス、のどなどを診て、口呼吸と片側かみのクセがあるとおっしゃいました。そして、寝るときにノーズリフトを使い、あお向けになって寝るとか、ガムを使った片側かみの矯正法など、鼻呼吸や正しいかみ方を身につける方法をアドバイスしてくださいました。その中で、もっとも効果があったのは、冷たいものを飲まないこと、８時間睡眠、そして、横隔膜呼吸を使った一連の体操でした。

先生に「冷たいものを控えなさい」といわれて、はじめのうちは「そんなことはできないわよね」などと母と話していました。

でも、せっかく診ていただいたので、とにかくアドバイスを守ろうと思い、真夏も家で沸かした麦茶やウーロン茶、プーアール茶などを常温で飲み、出かけるときはそれをポットに入れて、持参するようにしました。

すると、以前はクーラーが効いた部屋に長くいるとつらくてしかたがなかったのが、それほど冷えてつらいという感じがしなくなったのです。それで、もともと冷え性の私に、冷たいものは合わないんだと、はじめて自覚しました。

それ以来、ずっと冷たいものを口にしていなかったのですが、今年の4月、外出中に急に気温が上がり、汗ばむような陽気になって、とてものどの渇いた日がありました。

ところが、あいにくその日に限ってポットを持っていませんでした。それで、口の中で温めながらゆっくり飲めば大丈夫だろうと、自動販売機で冷たい清涼飲料水を買って飲んでみたのです。そうしたら、なんだか体がだるくなって、いつもより体が重い感じがするのです。まるで西原先生のところを訪ねる前の調子の悪かった頃に戻ったような感じでした。それで、もう二度と冷たいものは飲まないと心に誓いました。

先生によると、冷たいものは体調を狂わすばかりでなく肌にも悪いのだとか。

今では、ポットは重いので５００ミリリットルサイズのペットボトルに家で沸かしたお茶を入れ、通勤はもとより、休日に友人と出かけるときなどにも、持参するようにしています。

●横隔膜呼吸体操と8時間睡眠で、メキメキ元気に

また、私にとっては8時間睡眠も冷たいものをとらないことと同じくらい、ひじょうに大切だということがわかりました。

母にもよくいわれるのですが、私はへんに真面目なところがあって、やりかけたことは最後までやり通さないと気がすまないタチです。それで、つい、寝るのが遅くなってしまいます。通勤に片道1時間以上かかる上、会社帰りにいろいろ習いごともしているので、やりたいことをすべてやろうとすると、睡眠時間を削るしかありません。おそらく平均睡眠時間は5〜6時間ぐらいだったでしょうか。けれど、それほど睡眠不足だとは思っていなかったのです。

ところが、「大人でも毎日8時間は眠らないと、体が新しくつくりかわることができない」という西原先生のお話を聞いて、原因不明の疲労感に襲われていた

のは、そのせいかもしれないと思いました。

それで、初診を受けた直後の数日間、寝る前に一連の呼吸体操をし、ノーズリフトなどの鼻呼吸サポートグッズなども利用して、とにかくひたすら眠ったのです。そうしたら、それまで具合が悪かったのが嘘のように、元気が湧いてきたのです。

おそらく、寝る前に一連の呼吸体操を行なっていたことも、睡眠で体を回復することに役立ったと思います。寝る前に、ゆっくりと呼吸をしながら体を動かすことで、体のすみずみまで酸素と栄養が行きわたり、また、心身ともに緊張がほぐれてリラックスでき、心地よく眠ることができるのだと思います。

はじめのうちは、帰りが遅くなったり、あまり疲れているような日は、体操をサボってしまうこともありました。でも、体操をしないとぐっすり眠ることができず、かえって翌朝、疲れが残っているように感じます。ですから、どんなに疲れていても、必ず体操はして眠るようにしています。

あたりまえといえば、あたりまえのことなのですが、正直いって、こんなに呼吸が大切だとは、今まで本当に思いもよりませんでした。

●1週間で見ちがえるほど輝いて

西原先生のトレーニングを開始して、1週間目にはすでに疲労感がとれ、頭痛やめまいもおさまり、体のあちこちの不調が消えていました。そして、日を追うごとに、顔色もよくなり、肌の調子もよくなったように感じました。

周囲からも「肌が白くなって、なんだか目もパッチリしたみたい」などといわれるようになりました。

今はすべての症状が消え、元気だった子どもの頃の私に戻れたようです。でも、体は正直で、うっかりトレーニングをサボるとすぐ体のどこかに変調があらわれます。以前の体調がすぐれなかった頃の状態に逆戻りしないよう、先生の教えの基本的なことを忘れず、これからもトレーニングをしっかり続けていきたいと思います。

慢性鼻炎・慢性疲労が改善し、出っ歯がみるみる美しい口もとに！

南　由梨江（31歳）

●慢性鼻炎で息苦しく、いつしかポカン顔に

子どもの頃から慢性鼻炎で、しょっちゅう黄色い鼻水が出たり、鼻がつまったりして呼吸がしづらく、つねに息苦しい感じがしていました。そのため、小学生の頃にはすでに口呼吸のクセがついていて、気がつくといつも口が半開きの状態。人からも「ポカン口になってるわよ」と指摘されることがしばしばありました。また、のどの奥がしょっちゅう赤くはれて痛んだり、風邪をひきやすかったりもしていました。

そんな状態ですから、学校で受ける定期検診でも、毎回、鼻炎でひっかかり、そのたびに病院へ行くようにとの指導を受けました。

耳鼻科の先生の話では、私はもともと鼻の真ん中にある仕切りが曲がっている鼻中隔湾曲症のため、どうしても鼻がつまりやすいのだそうです。それで、検診

のあとの夏休みは毎日耳鼻科に通い、鼻の洗浄や炎症を抑える薬をつけてもらうなどの治療を受けるのですが、ラクになるのはそのときだけ。休みが終わって治療に通えなくなった途端、あっという間に症状が悪化してもとのもくあみという状態。毎年そのくり返しで、そんな生活を学校に通っている間じゅう、ずっと続けていました。

こうした鼻炎の症状のほかにも、私には疲れを感じやすい、いわゆる慢性疲労の症状が、小さいうちからありました。慢性鼻炎と慢性疲労とが重なっていたこともあって、どんなに体調が悪くても、「私は生まれつき体が弱いから、しかたないんだ」と、いつしか自分でもあきらめるようになっていました。

学校を卒業して定期検診を受けることがなくなると、とくに病院へ行くこともなくなり、ただひたすら鼻水や鼻づまりによる息苦しさ、慢性的な疲労感などに耐えるようになっていたのです。

そんな状態で20代半ば頃まで過ごしていましたが、しだいに慢性鼻炎の症状が悪化して、再び耳鼻科を訪れたところ、手術をすすめられました。でも、できれば手術などには頼りたくないという気持ちがあり、手術を受けるべきかどうか迷っていました。

そんなとき、偶然、西原先生のお書きになった『健康は「呼吸」で決まる』という本に出会ったのです。先生のご著書を読み終わるやいなや、私はつけるだけで鼻呼吸がラクにできるというノーズリフトをとりよせようと、本に書いてあった連絡先に電話をしました。すると、「サイズのこともあるので、一度、診察をお受けになったらいかがですか」と電話に出られた方にすすめられ、診察の予約をとることにしたのです。

●えっ⁉　慢性疲労も口呼吸のせいなんて

初診のとき、先生がまずおっしゃったのは、「あなたは口呼吸をしていて、右のあごばかりでかむクセがありますね」ということでした。会うなりそう指摘されたので、ちょっとビックリしましたが、小さい頃からしょっちゅう「口が開いている」といわれていたので、自分でも口呼吸をしているということは自覚していました。

それよりも驚いたのは、慢性疲労も口呼吸や睡眠不足が原因だという先生のお話でした。それまで、疲れやすいことと鼻炎とが関係あるなんて、考えてみたこともありませんでしたから。これには本当に驚いて、まさに目からウロコが落ちた思いでした。

私は先生から、あお向けになって寝ることや、片側かみを直すためのガム療法のやり方、鼻呼吸をラクにするためのノーズリフトの使い方、横隔膜呼吸法と呼吸体操、寝返り運動などを習いました。また、1日9時間の睡眠時間をとり、冷たいものをとるのをやめるようにとのアドバイスもいただきました。

●ノーズリフトと鼻洗浄で呼吸がスムーズに

自宅から東大病院まで片道2時間以上かかるため、その日は疲れてしまい、帰宅してすぐに習ったことを実践することはできませんでしたが、2～3日して疲れがとれると、さっそくトレーニングを開始しました。

私の場合、あお向け寝や冷たいものをとらないこと、横隔膜呼吸などは比較的ラクに実践することができましたが、ガム療法と鼻呼吸トレーニングには、かなり苦労をしました。

まず、ガム療法については、先生に教わった通り、利きあごの右側にガムを1個、左側に2個入れて、1時間ぐらい一生懸命かみました。すると、今まで使っていなかったほうの左あごが、すぐだるくなってしまいます。先生には1日3回やるようにいわれていましたが、あごが疲れてしまって、1日に1回が精一杯。でも、とにかく毎日続けるようにしました。

念願のノーズリフトは、就寝中に使うことにしました。寝る前に、口が開かないよう唇にテープを貼り、ノーズリフトを鼻につけてみたところ、急に呼吸がラクになったのでうれしくなりました。これで鼻呼吸もラクに身につけられるかな、と希望もわきました。

ところが、朝起きてみると、唇を閉じていたはずのテープがはがれて、口がポカンと開いた状態になっているのです。その後、毎晩、試してはみるものの、どうしてもテープがはがれてしまいます。それで、次の診察のときに、先生にご相談したところ、「鼻の洗浄」をすることと、おしゃぶりを使うことをすすめられました。

鼻の洗浄は、塩化亜鉛を0・5パーセントに薄めた水溶液をさらに市販の目の洗浄剤アイボンで薄め、これを小さな注射器のようなもので鼻の穴に数的落とし、のどから吐き出すという方法で行ないます。

ところが、水溶液が鼻にしみて、ものすごく痛い。あらゆるトレーニングの中で、これがいちばんつらいものでした。それでも、なんとか頑張って毎日2回、2カ月ほど続けているうちに、鼻の通りがみるみるよくなってきました。

一方、おしゃぶりは、はじめのうち市販の赤ちゃんが使うものを買ってきて、昼間に1時間ぐらいくわえる練習をしていたのですが、そのうち先生の考案したブレストレーナーができたということで、そちらに切り替えました。ちょうど鼻の洗浄の効果が出て鼻の通りがよくなってきた頃だったので、思い切って、ブレストレーナーをノーズリフトと併用して就寝中に使ってみることにしました。

ノーズリフトをつけ、ブレストレーナーをくわえてテープでとめて準備完了。そのままあお向けに寝たところ、今度は朝までテープがはがれることなく過ごすことができました。

こうして、鼻洗浄とブレストレーナーのおかげで鼻呼吸を身につけることができました。すると、のどの痛みもなくなり、また、あれほど風邪をひきやすかったのが、まったく風邪をひかなくなりました。

●ブレストレーナーで、出っ歯がみるみる引っこんだ

ブレストレーナーを使いはじめた頃は、器具をただ上下の歯でかんで、はさんでいるだけの状態でした。ところが、あるとき、歯ではさんでから、つばを飲みこむようにしてグッと奥のほうに押し入れるようにすると、歯がグッと内側に引きこまれて、ピッタリと口に装着できることに気がついたのです。

すると、どうでしょう。それまで口呼吸の影響からか、前の歯がちょっと出ている感じだったのが、毎晩ブレストレーナーを使っているうちに、少しずつ歯が引っこんでいくのを感じるようになったのです。そして、やがて、無意識の状態でも口がピッタリ閉じるようになったのです。

この口を閉じる訓練には、ブレストレーナーのほかに、スリムホホも役立ちました。スリムホホを口の中に入れて、口から出ている部分を上下左右に引っぱると、唇の筋肉が鍛えられて口を閉じやすくなるのです。

このスリムホホは、顔のマッサージをまるで内側からしているような感じで、

とても気持ちがいいというメリットもあります。また、口周辺から外側に向かって、血流のよくなる順序に、しだいに肌がきれいになっていくといううれしい効果もあります。くすみが消え、シミが薄くなって肌に透明感が出てくるのです。

ともかく、こうしたトレーニングやそれをサポートするグッズの効果に驚き、それまであまり守れていなかった9時間睡眠の指導も、意識して守るようになりました。

以前はイスに座ったまま居眠りした時間も、睡眠時間としてカウントしていたのですが、ちゃんとふとんに横になって9時間眠るようにしたのです。すると、翌朝、これまでになく体が軽くて、頭もすっきりしています。

それまで、やる気が起こらなかったり、何をしてもすぐに疲れたりしていましたが、今は本当に体調がいいですね。睡眠は重力を解除して体をつくりかえるために必要なことで、座って寝ても意味がないとおっしゃっていた先生のお話を、身をもって理解することができました。

●病気治療のつもりが、顔まできれいになった！

現在、治療をはじめて1年たつかたたないかというところですが、花粉の季節を除いては、すっかり鼻の調子もよくなり、睡眠不足にさえならなければ疲労感に悩まされることもなくなりました。薬に頼らず、生活習慣を変えるだけで、健康に過ごせるようになるというのは本当にうれしいことです。

また、トレーニングのおかげで、出っ歯ぎみだった前歯が引っこみ、アンバランスだった左右の目の大きさもバランスがとれ、顔全体がシンメトリーに近づいてきました。治療前に撮った写真を見ると、そうした顔の変化が明らかにわかります。鼻炎を治すためにはじめた治療で、顔まできれいになるなんて、なんだか得したような気分です。

ときどき、横隔膜呼吸体操を忘れて、熟睡できないなんてこともありますが、これからも自分のペースでコツコツと続けていきたいと思っています。

たった2カ月でアトピーが治り、肌がピカピカになった！

間宮麗菜（15歳）

●生後7カ月ではじまったアトピー性皮膚炎

私が西原先生の治療を受けるようになったのは、2年前の夏、父が本屋さんで偶然、西原先生のご本を見つけ、買ってきてくれたのがきっかけです。

私は、生まれて1年もたたないうちからアトピーが出ていたそうで、幼稚園の頃にはひざの裏やひじの内側、足の甲、首のあたりに発疹ができ、肌がカサカサして、かゆくてしかたありませんでした。薬の副作用などを心配した両親が、なるべくステロイド剤など使わないで治そうと、食事に気をつけてくれたり、塩で体を洗ってくれたりしたので、それほどひどくならずにすんでいましたが、といって完治するわけでもありませんでした。

そんなとき、呼吸やかみ方など生活習慣をあらためるだけで、薬も使わずにアトピーが治るという西原先生の本を父が見つけてくれたのです。本を読んだ母は「ぜひ、先生に診てもらいましょう」と、さっそく診察の予約をするため東大病院に電話を入れてくれました。夏休みは予約がいっぱいということで、9月の半ばすぎに、はじめて診察を受けることができました。

●呼吸とかみ方のトレーニングで体の中からきれいに

西原先生はアトピーの症状のほかにも、歯ならびやのどの状態を診たり、呼吸体操のやり方を説明したりしながら、1時間半もかけてじっくりと診察してくださいました。それまで行った病院では、たいてい3～5分程度の診察ということがほとんどだったので、ちょっと驚きましたが、母も「こんなにていねいに診ていただいて、本当にありがたいわ」と感激していました。

診察の結果、私には片側かみと口呼吸のクセがあるとわかりました。そして、先生は「口呼吸のせいで体の中のバイ菌と闘う力が衰えて、のどから入ったバイ菌に負けてしまったのが、アトピーの原因。呼吸やかみ方を直して、内側から体をきれいにしていきましょう」とおっしゃいました。

西原先生は、口呼吸を直すための工夫として、のどと鼻と目を洗浄し、鼻にノーズリフトをつけ、口に紙テープを貼り、枕をしないであお向けに寝る、横隔膜呼吸体操をするなどの方法を指導されました。また、ガムをかんで片側かみのクセを直す方法も教えてくださいました。

家に帰ると、先生から教わったトレーニングを忘れないようにと、母がリストにしてくれました。最初はやることがいっぱいあってたいへんでしたが、枕なしでは眠れない私のために低い枕をつくってくれたり、夜中に寝相を直してくれたりと、両親もいろいろと助けてくれたので、一生懸命頑張りました。

ただ、困ったのは、眠っている間にノーズリフトがとれて、朝起きると体の下敷きになってつぶれてしまっていたことです。母がもとのように直そうとしてくれたのですが、微妙にゆがんでいるらしく、鼻に入れると痛くて我慢できません。しかたがないので、次の診察で先生に直してもらうまで、とりあえずノーズリフトは使わないことにしました。

あと、意外に手こずったのがうがいです。私はルゴールといううがい薬の味が苦手で、うがいをするのがすごくつらかったのです。

でも、こうしてなんとかできる範囲で鼻呼吸とかみ方のトレーニングを続けていると、しだいにかゆみがやわらいできました。また、ひざの裏を中心に肌がずいぶんときれいになってきました。

肌の状態がよくなったのには、西原先生がくださった藻塩の効果もあったかもしれません。お風呂で湯舟につかり、体がよく温まってから、藻塩で体をこすり、ちょっとおいてからサーッとシャワーで流すのです。

かき傷のあるうちは塩がしみてすごく痛かったのですが、だんだんしみなくなり、洗うと気持ちよく感じるようになりました。

●アトピーが消え、肌の色も白くなった

トレーニングを開始してから2カ月たつ頃には、ほとんどすべてのアトピーが消え、母も「肌がきれいになった上に、色も白くなったみたい」と喜ぶほど、いい状態になっていました。

診察のため12月に先生のもとを訪れたときには、初診のときの顔写真を見せてくださり、「あごの両側でかめるようになったから、顔のゆがみがとれたね」と先生もほめてくださいました。

実はそのとき、先生が「とにかくよく眠りなさい。眠ると背も伸びるよ」とアドバイスをしてくださったんです。それで、冬休みは毎日平均13時間ぐらい、ぐっすりと眠りました。すると、冬休み明けの身体測定で6センチも身長が伸びていたんです。先生のおっしゃることは、なんでもその通りになるんですね。

実はその後、肌の調子がすっかりよくなったので、鼻の洗浄を除いては、ちょっとトレーニングをお休みしていたんです。そうしたら、最近、またなんとなく、体がかゆくなってきて。やっぱり、先生のおっしゃることをきちんと守っていないとダメなんだなあと感じているところです。

全部いっぺんにやるのは難しいかもしれませんが、母も応援してくれているので、またできるところからコツコツとやっていこうかなと思っています。

part 3

秘密は「生活スタイル」

〈パーツ別〉魅力的な顔・美しい体のつくり方

「目がもうちょっと大きかったら……」

「もう少しウエストが細かったら……」

自分の顔や体を鏡に映すたびにそうため息をついている人も、きっといるはず。

本章では、目や鼻、ウエストなど顔や体の中でも、とくに気になる部分について、どうすればきれいになれるのかを、それぞれパーツ別にお話ししたいと思います。

気になる部分のある人は、これまでの悩みを一気に解消して、満足のいくきれいな体に生まれ変わってください。

1……誰にも知られずに「素敵に変身」テクニック

顔

あごがキュッと引きしまったキュートな小顔があなたのものに！

今、若い女性の間では、「小顔」が流行しているようです。

顔の大きさは、もともとの頭蓋骨の大きさによるところもありますが、周囲から小顔だと思われている人も、必ずしも頭の大きさそのものが小さいとはかぎりません。小顔に見えるのは、体とのバランスや、目・鼻など顔の造作、頬の肉のつき方、ヘアスタイルなどによるところが大きいのです。

頬のラインがシャープで、あごがキュッと引きしまり、口角が上がって、左右のバランスがとれていると、顔は小さくキュートに見えます。

逆に、頬やあごがたるんだり、むくんでいたり、口角が下がったり、左右のバランスがくずれていたりすると、顔は腫《は》れたように大きく見えます。

顔は、骨の上に筋肉がつき、その上に脂肪細胞、皮膚が順に重なってできています。土台となる骨の大きさが同じであっても、その上についている筋肉の発達具合によって、顔の印象は大きく異なります。

そして、顔がゆがんで頬やあごがたるみ、大きく見えてしまう最大の原因は、口呼吸にあります。

口呼吸をすると、なぜ顔が大きくなるのか——口呼吸では扁桃リンパ輪の感染で顔がむくんでしまうからです。そのほか、顔についている筋肉も大きく関係しています。

顔についている筋肉には、大きく分けて次の4つがあります。

① 表情筋……顔の表面から浅いところにあり、喜怒哀楽などのさまざまな表情をつくるときに働きます。
② 咀嚼筋……あごの骨をはさんで内側と外側についていて、ものをかんだり、舌を動かしたりするときに働きます。表情筋より深いところにあって、表情筋と連動しています。そのため、口や舌を動かせば動かすほど、表情筋も発達するしくみになって

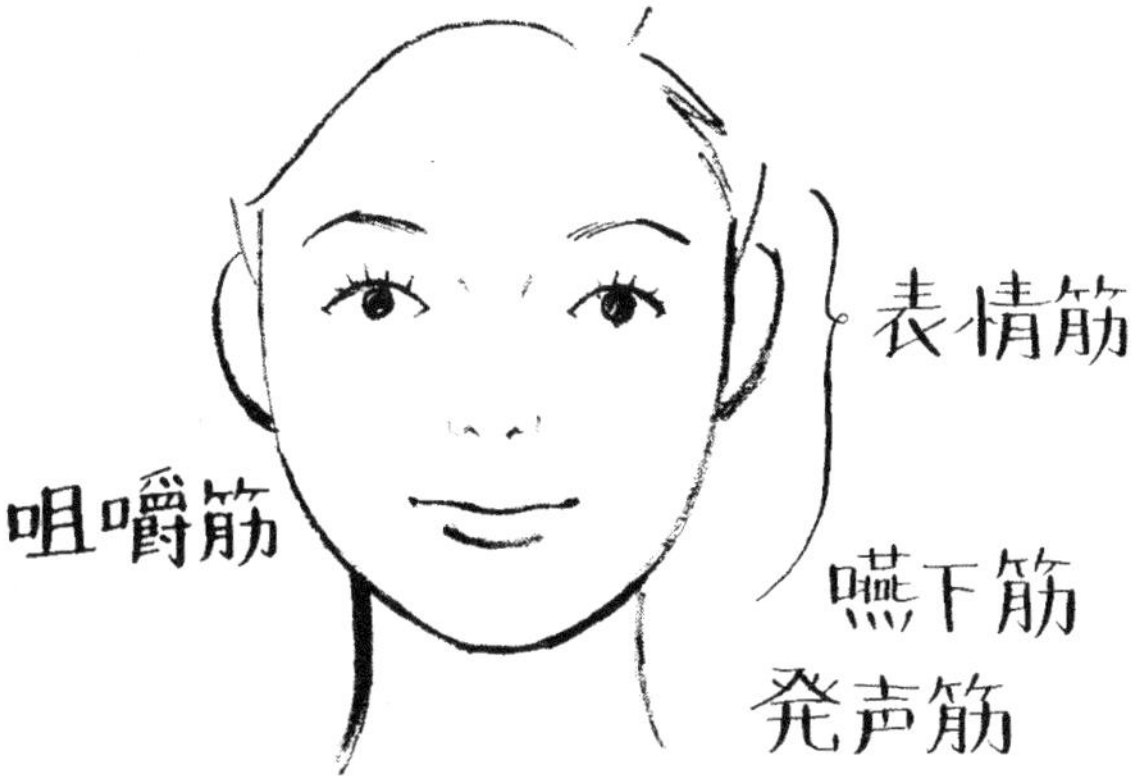

います。

③ 嚥下《えんげ》筋……のどもとにあり、ものを飲みこむときに働きます。

④ 発声筋……声帯にあり、声を出すときに働きます。

これら顔の筋肉を、それぞれバランスよく使っていれば問題はありません。ところが、口呼吸では、そのバランスを大きく乱してしまいます。

筋肉は使えば使うほど発達し、逆に、使わなければ働きが衰えてしまうという性質があります。

口呼吸に頼り、本来、鼻呼吸で使うはずの筋肉を使わないと、顔を構成するさまざまな筋肉が衰えてしまい、顔の形をゆがめることになります。

そうして、顔のラインがくずれたりたるんだりしている部分があると、顔全体がぼやけた印象になり、実際より大きく見えてしまうのです。

したがって、顔ができるだけ小さく見えるようにするには、口呼吸をやめ、鼻呼吸を身につけることです。68ページの「口呼吸チェック」でひとつでもあてはまる個所があった人は、「鼻呼吸のトレーニング法」(86ページ)を参考にして、鼻呼吸を身につけてください。

鼻呼吸をして顔の筋肉をバランスよく使っていると、むくみがとれて頬とあごの筋肉がキュッと引きしまり、顔のラインがシャープになって、みるみる小顔になっていきます。また、それにともなって表情も豊かになり、顔全体にハリが出て、年齢より若く見えるようになります。

口呼吸のクセのある人は、たいてい、片側かみや横向き寝、うつ伏せ寝のクセもあわせ持っています。片側かみは、使わない側のあごを中心に筋肉の衰えを招き、顔の左右のバランスを乱してしまいます。

一方、横向き寝やうつ伏せ寝のクセのある人は、熟睡できないために顔がはれぼったくなってしまいます。ですから、きちんと鼻呼吸をすると同時に、片側かみを矯正して両あごを均等に使い、あお向けで寝ることも、引きしまった小顔になるために欠かせないポイントとなります。

そして、もうひとつ顔をゆがませて大きく見せてしまう原因に、ほおづえがあります。勉強中や仕事中、あるいは本や雑誌を読んだり、ボーッとしたりしているとき、無意識にほおづえをつく人がいます。とくに、若い女性に多く見られるようです。ほおづえは、たとえ短時間であっても、顔に大きなゆがみをもたらします。

頭の重さは約5キログラムですから、ほおづえをつくと、そのままあごに5キログラムの力が加わることになります。歯を120グラムの力でかみしめると、約20分ほどで歯を支えている骨がこわれ、歯が沈みこむことがこれまでの実験でわかっています。

ということは、ほおづえによって、短時間であっても、くり返し5キログラムの力があごに加われば、歯に相当な負担がかかることになります。

また、ほおづえの場合、頬にあてている手にも問題があります。ｐａｒｔ１でお話ししたように、枕でさえ顔の形に影響してしまうのですから、硬い手の骨で圧迫しつ

づければ、歯や頬の骨は簡単にへこんでしまいます。ましてや、ほおづえをついたまま居眠りをするクセのある人はたいへんです。

たとえば、机の上に両手を重ね、その上に覆いかぶさるような格好で、前歯のあるあごをあてて寝るクセがあるとします。

子どもなら、このクセを半年も続ければ、歯形のアーチがくずれ、前歯が直線状になって、台型になってしまいます。

大人の場合でも、10～15年ほどで歯形が変形し、外からハッキリわかるほど、口もとのラインが変化します。

ほおづえは、寝相とは違い、目覚めているときのクセなので、意識すればそう苦労せずにやめられるはずです。

目

正しい両側かみで、パッチリしたつぶらな瞳に！

「目は口ほどにものをいう」とよくいわれます。イキイキとした輝きのある目は、誰が見ても魅力的なものです。

目の大きさや形には個人差がありますが、誤った生活習慣が、その人の生まれ持った目の大きさや形を変えてしまっていることがあります。

つまり、クセの影響で目が小さくなっていたり、輝きを失って、魅力が半減している可能性があるのです。

こうした目の大きさや形にもっとも影響を及ぼすクセが片側かみです。

片側かみのクセがあると、利きあご側の筋肉が縮んで口角が引き上げられます。すると、口の端がグッと上がることで、目の周囲の筋肉が極端に引きしまって、目が小さくなってしまいます。

逆に、あまり使わないほうの側は、頰やあごの筋肉がゆるんでたるみ、それにとも

なって、目のまわりをとり囲んでいる「眼輪筋」という筋肉も衰えてしまいます。
この眼輪筋が衰えると、目がたれ下がり、目もとに小ジワができて、ハリのない顔になってしまうのです。
このような人は、ガム療法で片側かみを矯正し（99ページ参照）、顔の両側の筋肉を均等に使うことで、左右の目の大きさのバランスをとり戻すことができます。
また、片側かみを矯正すると、左右両方のあごや頬が均等に引きしまってきますから、両目がパッチリとし、表情もイキイキとして、顔全体が輝いて見えるようになります。

鼻

鼻呼吸とあお向け寝で鼻すじの通った高い鼻に！

「クレオパトラの鼻があと1センチ低かったら、歴史は変わっていただろう」といわれるほど、鼻は目とならんでその人の顔の印象を決める重要なパーツです。

ところが欧米人に比べると、日本人は鼻が小ぶりで低い人が多く、このことが日本女性の顔の悩みの中でも大きな位置を占めているようです。

おそらく、こうした人たちの多くは、鼻の低いのは生まれつきで、美容整形の手術を受ける以外に鼻を高くする方法はないと思っているのではないでしょうか。

しかし、鼻の骨は、ちょっとした外圧がかかっただけでもすぐ変形してしまうほど薄く、呼吸の仕方ですら、その形に大きく影響を及ぼします。鼻呼吸をする人が多い欧米人の鼻が高く、口呼吸をする人が多い日本人の鼻が低いのも、そのためと考えられます。

したがって、鼻呼吸をマスターすることで（86ページ参照）、鼻を高くすることができるのです。その際、93ページで紹介した、鼻を高くつり上げて鼻呼吸をラクにする「ノーズリフト」を使うことを、とくにおすすめします。

ノーズリフトには、鼻呼吸トレーニングのサポート効果だけでなく、使いつづけることで鼻を高くするという働きもあり、二重の効果を期待できます。

ノーズリフトをうまく使いこなせるようになれば、3カ月ぐらいで鼻が高くなってきます。

さて、鼻は、その高さとともに、鼻すじが顔の真ん中をまっすぐ通っているかどうかも重要なポイントです。まっすぐ通った鼻すじをつくるには、長時間、鼻を圧迫するような寝相のクセを直し、あお向けに寝ることがなにより大切です。

睡眠中は無意識になってしまうので、ｐａｒｔ１を参照しながら正しい寝相を身につけると同時に、口にテープを貼って、眠っている間もきちんと鼻呼吸ができるようにしましょう。

鼻呼吸とあお向け寝を習慣にするだけで、鼻すじが通り、鼻も高くなっていきます。

NoseLift

口もと

思わずキスしたくなるようなチャーミングな唇に！

この本の冒頭で、「美人の条件は顔がシンメトリーであること」といいましたが、笑顔が素敵であることも大切な要素です。笑顔のチャーミングな人は、周囲に好印象を与えます。そんな魅力的な笑顔のポイントとなるのが口もとです。ここでは、魅力的な口もとをつくる方法を紹介しましょう。

口を開けて笑ったとき、まず、気になるのは前歯です。part2でくわしくお話ししましたが、口呼吸をしていると、ものを食べたり、だ液を飲みこんだりするたびに、舌で前の歯を押してしまいます。そのため、口呼吸のクセのある人は、どうしても歯が前へせり出し、歯にすきまができやすくなります。舌で上の歯を押す人は「出っ歯」に、逆に下の歯を押す人は「受け口」になってしまいます。

ということは、すきっ歯や出っ歯、受け口を直すには、口呼吸をやめ、鼻で呼吸するクセをつければいいわけです。首を伸ばし、胸を張って、口と肛門をキュッと閉めた状態で上下の歯を1ミリほど開け、鼻を使って横隔膜呼吸をする、鼻呼吸をマスターしましょう。

また、鼻呼吸のトレーニングをすると同時に、寝相にも気をつけましょう。

横向き寝やうつ伏せ寝をしていると、歯列矯正の約5〜10倍にあたる力が、一晩中歯に加わることになります。この力によって、毎晩歯が少しずつ動き、歯ならびが悪くなってしまいます。

したがって、外側に向かって広がっていた前歯をまっすぐにして歯ならびを改善するには、鼻呼吸と併行して、あお向けに寝るクセをつけることも大切です。

さて、もうひとつ口もとで気になるのが、唇です。

口呼吸の影響で歯が前へせり出してくると、上唇が少しずつ短くなります。また、絶えず口が開いているため、下唇は緊張感がなくなり、分厚くなります。つまり、口呼吸を長く続けていると、上下の唇の厚さがアンバランスになったり、唇が極端に厚い〝タラコ唇〟になってしまうのです。

こうした上下の唇のアンバランスやタラコ唇を直すには、次に紹介する唇の筋肉のストレッチ――「唇引っぱり運動」が効果的です。

［唇引っぱり運動］

①まず、片手の親指と人さし指で上唇をつまみ、下へ向けて引っぱります。このとき、痛くない程度に、でも十分に唇が伸びる程度に力を入れて引っぱります。
②今度は、下唇を上へ向けて、①と同じ要領で引っぱります。
③次に、左右どちらか一方の口角（口の端）に人さし指を入れ、外に引っぱります。
④③とは逆の口角に指を入れ、同じことをくり返します。
⑤最後に、両方の口角にそれぞれ指を入れ、左右同時に引っぱります。このとき、あごに梅干しのようなクシャッとしたシワがなくなるぐらいの強さで引っぱります。

一連の唇引っぱり運動を1日に数回くり返すことで、上下の唇のバランスが正常に戻って口を閉じやすくなり、鼻呼吸もラクに行なえるようになります。

また、唇引っぱり運動には、はみ出した歯ぐきを直したり、片側かみで左右差ができた唇の形を矯正する効果も期待できます。このほか、唇の筋肉を鍛えるには、「スリムホホ」という器具を用いる方法もあります（96ページ参照）。スリムホホを使うと、唇の筋肉と同時に頬の筋肉も鍛えることができ、小顔づくりにも役立ちます。

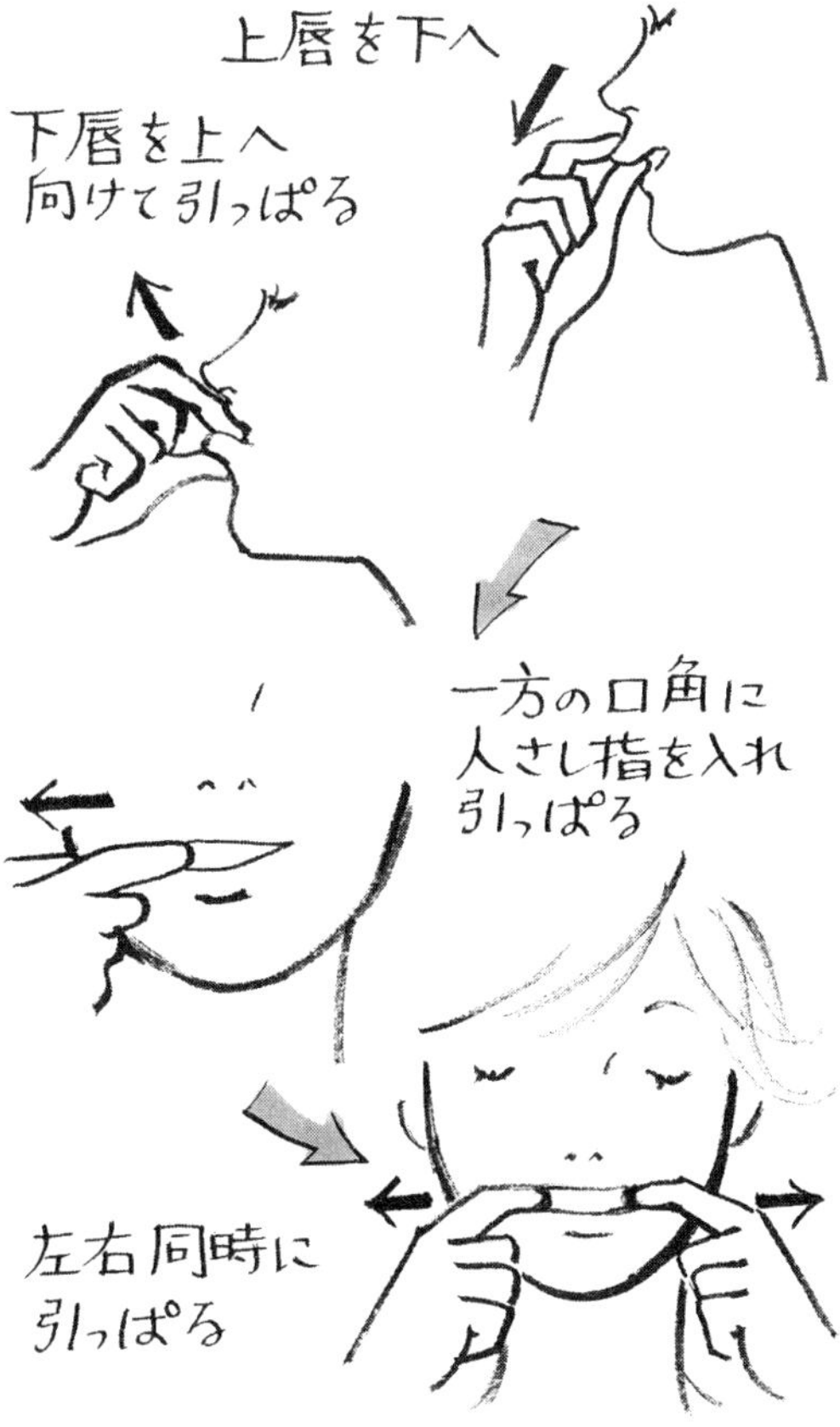
上唇を下へ
下唇を上へ
向けて引っぱる
一方の口角に
人さし指を入れ
引っぱる
左右同時に
引っぱる

二重あご、首のたるみ・シワ

「あお向け・枕なし」睡眠で、簡単に驚きの効果が！

あごや首の周辺がたるんでいると、若くても中年のように老けた印象を与えます。

たしかに、年とともに肌はハリを失い、頬やあご、首のまわりもたるみがちになるものです。でも、若いうちから肌の衰えがあらわれる人は、なにか特別な病気がないかぎり、生活習慣になんらかの問題があると考えるのが妥当でしょう。

「口呼吸」「片側かみ」「誤った寝相」の3大悪癖が重なると、全身の骨格をゆがませることになり、骨格がゆがむと、筋肉の働きが不自然になって、脂肪がつきやすくなります。その結果、肌がたるんだり、シワができたりします。

また、頬やあご、首の筋肉は、すべて連動して働いているため、ここでもまず「鼻呼吸」「両側かみ」「あお向け寝」が大切になります。とくに、高すぎる枕は、二重あごや首に深いシワを刻む原因となりますので、寝るときは、羽毛のふわふわした枕を使うか、低い枕を使うことを習慣づけるようおすすめします（49ページ参照）。

3大悪癖
×
スー
ハー
「片側かみ」「口呼吸」
「誤った寝相」
たるみ
ゆがみ
シワ

おなか

いつのまにかグッとくびれた魅力的なウエストに！

口呼吸をしていると、あごが前に突き出て猫背になり、胸の筋肉だけで息をするようになります。その結果、使われないおなかの筋肉はたるんで、下腹がポッコリと出てしまいます。この突き出たポッコリ腹を引きしめるには、腹筋を鍛えることが効果的ですが、なにも特別に腹筋運動をする必要はありません。口呼吸を鼻呼吸に変え、さらに、腹筋を有効に使う横隔膜呼吸を身につければいいのです。姿勢を正して、口と肛門をしっかり閉じ、鼻を使って横隔膜呼吸をすると、自然に自分の力で下腹が引っこみ、ウエストが細くなります。

また、腹筋を使う呼吸法をマスターすると同時に、首を伸ばしてよい姿勢を保つことも大切です。つねによい姿勢を保つということは、全身に緊張を強いることになりますので、それだけで背筋や腹筋が鍛えられ、ウエストがキュッとくびれた魅惑的なボディラインをつくることができます。

姿勢

立つとき・歩くとき・座るときの「姿勢」が大切です！

どんなに顔がきれいでも、猫背だったり、ところかまわず地べたに座りこむジベタリアンのような格好をしていたりすると、自然に口と肛門が開きっぱなしになり、けっして美人になることはできません。こうした悪い姿勢やマナーは、顔や体をゆがませ、醜くしてしまう原因だからです。

これまでに何度もふれてきたように、顔と体の筋肉や骨は、それぞれ密接に関わっています。顔がゆがむと、その影響は体全体にあらわれ、体が変形すると、顔のゆがみがますます進んでしまうという悪循環に陥りやすいのです。

したがって、左右どちらか一方を使う不自然な姿勢は、顔のゆがみや体の変形に拍車をかけることになるのです。

全身美人になるには、寝相はもとより、立つときや歩くときなど、日常生活の姿勢を正すことも重要です。正しい姿勢で体のゆがみをとると、筋肉が正しい位置に納まり、自然にバストアップやウエストのくびれなど、美しいシルエットになります。

この項では、立っているとき、座っているときなど、日常における基本的な正しい姿勢のとり方について解説しています。よく読んで、皆さんもふだんの自分の姿勢を見直してみてください。ちょっとした立ち居ふるまいを正すだけで、見ちがえるほどの美人になれます。

[立ち姿勢]

① 両足を肩幅に開いて立ち、口と肛門を閉じてあごを引き、5メートルほど前方を見つめます。このとき大切なのは、上下の歯の間を1～2ミリほど開けて、唇を閉じることです。けっして歯をかみしめないようにしてください。

② 両手を頭の上で組み（またはバンザイの形にし）、背筋と首筋をまっすぐに伸ばしたら、腕を下におろします。

③ この状態を保ちつつ、両足に均等に体重を乗せます。

④ 最後に、つま先を45度開くと、正しい立ち姿勢になります。

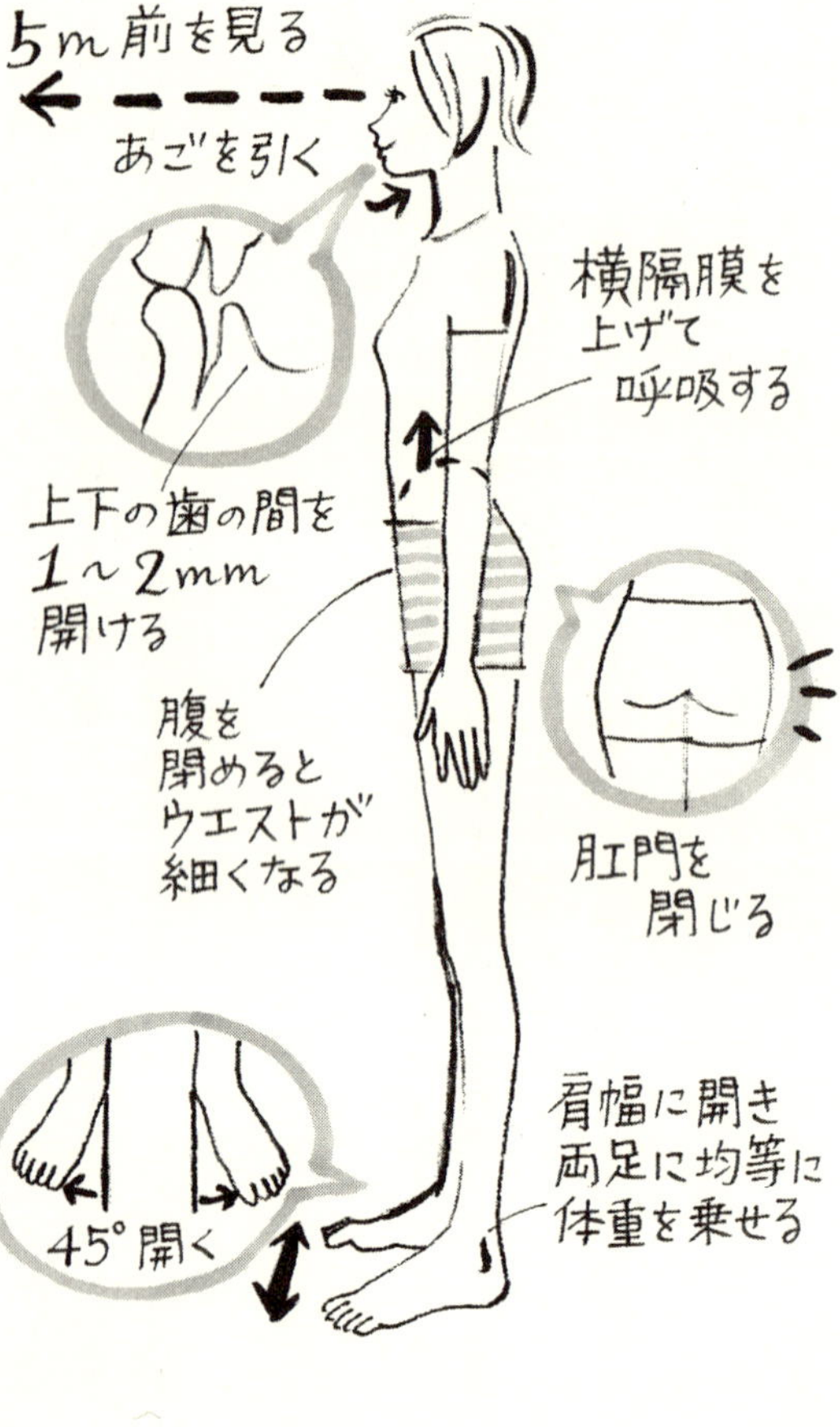
5m前を見る
あごを引く
上下の歯の間を
1～2mm
開ける
横隔膜を
上げて
呼吸する
腹を
閉めると
ウエストが
細くなる
肛門を
閉じる
肩幅に開き
両足に均等に
体重を乗せる
45°開く

正しい立ち姿勢のとり方は右の通りです。

写真を撮るときなど、この正しい立ち姿勢をとると、それだけで全身が引きしまって見えます。

ところで、信号待ちや電車を待つときに足を交差させて立っている人をよく見かけます。若い女性にとくに多いようです。

こうした〝クロス立ち〟は、骨格全体に複雑なゆがみをもたらします。このクセがついてしまうと、矯正するのがひじょうにやっかいなので、けっしてしないでください。

また、どちらか片方の足に体重を乗せる〝休め〟の姿勢も、体重を乗せている側の足に負担がかかり、背骨や骨盤のゆがみが生じる原因となるのでやめましょう。

荷物の持ち方にも注意が必要です。ショルダーバッグや手さげカバン、手荷物などをいつも決まった側の肩や腕に提《さ》げていると、その重みで体の重心がずれ、背骨がゆがみます。

重心が狂うと、体は無意識にバランスをとろうとして、荷物を持っていない側に力を入れます。そのため、奥歯やあご、首の筋肉などに余計な負担がかかり、顔の変形や全身のゆがみを招きます。

バッグや荷物は、左右の肩や手でかわるがわる持つよう、日頃から注意しましょう。若い人がよく背負っているリュックサックは、両肩に均等に重みがかかるため背骨をゆがめることがなく、おすすめです。とくに猫背の気になる人は、ぜひ使ってみてください。

【歩く姿勢】

歩くときは、正しい立ち姿勢の緊張感を保ったまま、リズミカルに歩いてください。この状態でいつも歩いていれば、それだけで腹筋や背筋が鍛えられ、引きしまったスリムな体になります。

また、自動改札を通るときや、何かものをとるときなどには、ときどき、ふだん使い慣れているほうとは逆の腕を使うようにしてみましょう。意識して利き腕ではないほうの腕を使うようにすると、体の左右差を改善するだけでなく、脳の活性化にもつながります。

ふだんと
逆の腕を
使ってみよう！

[座る姿勢]

イスに座るときは、次のような姿勢をとってください。

① まず、きちんと床に足がつくように、イスの高さを調節します。
② ひざが直角になるように、イスに腰かけます。
③ 背筋をまっすぐ伸ばし、少し浅く腰かけるようにします。
④ 上体は横隔膜呼吸の姿勢（190ページ）を保つようにして、お尻と両ひざの3点に体重が均等にかかるようにします。
⑤ 口と肛門を閉ざして歯は1ミリ開けます。

イスはやや低めのものを選ぶと、ゆとりを持ってひざを曲げることができ、上体を支えやすくなって、腰を傷めません。

また、クロス立ち同様、足を組んで座ると体がねじれてしまうので、足を組まないように気をつけましょう。とくに、食事中に足を組むことは、マナーとしてよくない上、食物の消化吸収をさまたげることにもなります。

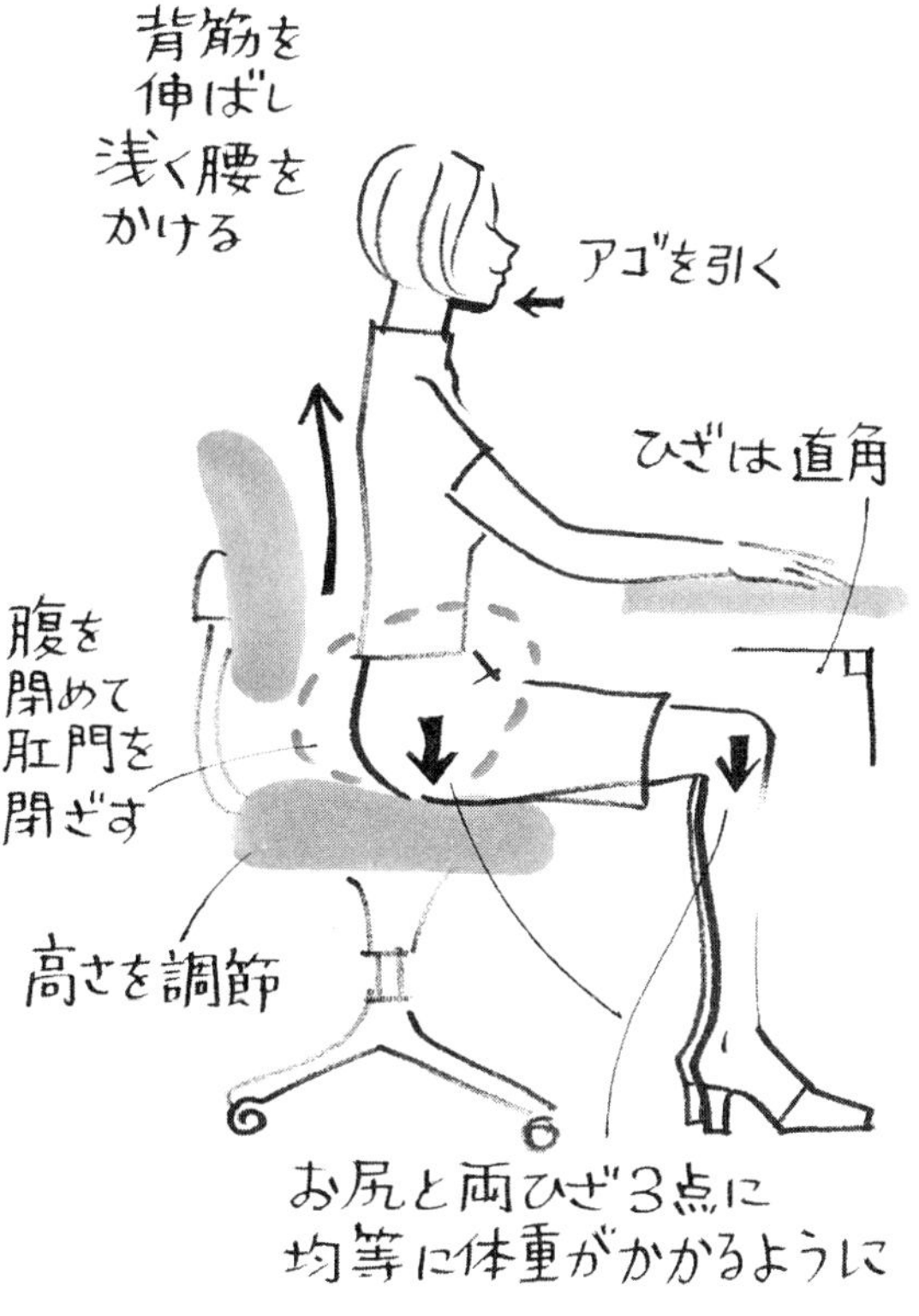
背筋を
伸ばし
浅く腰を
かける
アゴを引く
ひざは直角
腹を
閉めて
肛門を
閉ざす
高さを調節
お尻と両ひざ3点に
均等に体重がかかるように

仕事や勉強などのデスクワークをしているときは、つい猫背になりやすいので気をつけましょう。また、ワープロやパソコンを打つときは、頭、首、背筋が一直線になるよう、とくに意識してください。1時間に5分はストレッチングを中心としたゆるやかな呼吸体操をしましょう。

起きているときの姿勢はあなたの寝相で決まる?

●「きれいになりたい」意識が大切

以上、基本的な正しい姿勢について紹介しました。

こうした正しい姿勢をつねに保つには、たとえば、街を歩きながらショーウィンドーに映った自分の姿を見て姿勢をチェックしたり、信号待ちや電車のつり革につかまっているときに正しい姿勢をとれているか確認するなど、意識して姿勢を矯正していくことが必要です。

それと同時に、寝相を正すことも忘れないでください。というのは、ふだん私たちが起きているときの姿勢は、すべて寝相で決まるからです。

ｐａｒｔ１でもふれましたが、もっとも長い時間同じ姿勢を保ちつづけているのは、睡眠中です。

たとえば、横向きで胎児のように丸まった姿勢で寝ていると、背骨が曲がったまま固まってしまい、起きているときも背中が曲がって、口と肛門が突き出た猫背の姿勢になってしまいます。

ですから、横向き寝やうつ伏せ寝などの寝相を直し、正しくあお向けで寝ることも、日常生活の姿勢を正す上で欠かせないポイントです。

美しい立ち居ふるまいは、容姿そのものを美しくするだけでなく、周囲にも好印象を与えます。また、正しい姿勢をとって全身の器官を偏りなく使うことは、健康のためにも欠かせません。

健康のため、美しい容姿のため、日頃から姿勢を正すことを心がけましょう。

産後

産後の顔のゆがみ・体重増加は八の字体操で防ぐ

妊娠・出産は女性にとっての一大イベント。無事出産してホッとしたのもつかの間、今度は忙しい育児がはじまり、ついつい自分のおしゃれや健康管理をおこたりがちです。

その結果、多くの女性が、妊娠中に増えた体重をもとに戻すのに四苦八苦することになるようですが、実はもうひとつ、大切な問題があります。産後、忙しいからとわが身を放っておくと、顔がゆがんでしまうことがあるのです。

女性の外陰部の周囲には、会陰筋、肛門挙筋（肛門を引き上げる筋肉）、括約筋などが八の字を描くように位置しています。出産のとき、赤ちゃんが生まれてくると、八の字の上のサークルにあたる膣とその周囲の筋肉が伸び、それに連動して八の字の下のサークルにあたる肛門とその周囲の筋肉もゆるんでしまうのです。

口と肛門は、胃や腸と同じ、腸管と呼ばれるパイプの入口と出口にあたり、連動しています。そのため、出産によって出口である肛門がゆるむと、入口である口もゆるみ、顔のゆがみを招きます。

したがって、口をきちんと閉じるためには、肛門をきちんと閉じておく必要があるのです。

そこで、肛門のゆるみやすい産後に行なうことで顔のゆがみを防いでくれる「八の字体操」を紹介しましょう。この体操は、痔にも効果があります。

[八の字体操]

① 床によつんばいになり、背筋を伸ばします。
② そのままの姿勢で口を閉じ、膣と肛門に力を入れ、意識して引きしめます。肛門の閉じ方のわからない人は、トイレに行ったとき、おしっこの途中でいったん止めてみましょう。肛門がギュッと閉じるのを感じられるはずです。
③ ①～②を1日3回程度、はじめは1回につき30回くらい、慣れてくれば50～100回くらい行ないます。
また、1日に行なう回数は体調にあわせて増やしてかまいません。

八の字体操は、出産直後からはじめましょう。体調がいいようなら、あお向けに寝て足を上げ、腹筋運動もするとさらに効果的です。

ただし、出産後すぐに歩きはじめると、会陰部が重力と腹圧でダメージを受けやすいので、体操をするときは注意して行なってください。

また、産後体調がすぐれない人は、無理をせず、具合がよくなってから八の字体操を行なうようにしてください。出産から時間がたっていても、体操の効果は期待できます。

ちなみに、出産後2週間は立ちあがることを極力避け、動物のようによつんばいになって、はいはいのような状態で動くようにしなければなりません。そうでないと、会陰部の筋肉が固まらず、痔や尿失禁（尿が無意識にモレてしまう状態）を起こし、出産のダメージを長引かせることになってしまいます。

立って歩くようになったら、口と肛門をつねに閉ざし、胸を張って首筋と背筋、腰を伸ばして歩くようにしましょう。これを続けていれば、産後の顔のゆがみを防ぐことができます。

なお、痔を患っている人は、排便をするたびに石鹸で肛門をよく洗い、肛門を指で中に押しこむようにしましょう。

「八の字体操」を行なって肛門周辺の筋肉を鍛えるとともに、これを習慣化すれば、いずれ痔は完治するはずです。

2………あきらめていた肌の悩み・トラブルが一気に解決！

肌あれ

1日5回のうがいで、スベスベ美肌に！

美肌は、美しい顔をますますきれいに見せてくれます。メイクアップ以上にスキンケアに時間をかけるという人も、きっと少なくないでしょう。

でも、気になる吹き出物や湿疹など、肌あれを起こす最大の要因は、外側ではなくむしろ体の内側にあります。

ｐａｒｔ2でくわしく述べたように、口呼吸をしていると、鼻呼吸をしていれば撃退できるはずのウイルスやバイ菌、ホコリ、花粉などの異物が直接のどに届き、そこからやすやすと体内に侵入していきます。また、冷たいものを食べたり飲んだりして腸を冷やしてしまうと、腸扁桃からバイ菌が白血球に乗って体の中に入ってきます。

ふつう体内に侵入した異物は、血液中の白血球によって捕らえられ、無毒化されて排除されます。その際、白血球によって処理されたものは、皮膚から体外へと排出されます。体調がよく、白血球が正常に働いていれば、バイ菌などはここで捕らえられ、悪さをすることはできません。

ところが、体が疲れていたり、睡眠不足で体力が低下していたりすると、体が十分リモデリングできません。白血球そのものがくたびれたり、数が減少したりして、バイ菌を無毒化する作用が低下してしまい、勢いの衰えていない菌は逆にどんどん増えることになります。そうして増殖した菌は血流に乗って運ばれ、体のあちこちで悪さをはじめます。

そうして、白血球が消化しきれなかったバイ菌が皮下組織に行きつくと、バイ菌は未処理のまま、ゴミ（毒素）として皮膚から排泄されることになります。その未処理のゴミが刺激となって、肌に炎症を起こし、肌あれや湿疹を招くことになるのです。

さらに、白血球のくたびれや減少が続いて免疫力が低下してくると、アトピー性皮膚炎や花粉症などのアレルギー性疾患を招くこともあります。アレルギー反応は、白血球がアレルゲンとなる物質（アレルギー反応を起こす原因となる異物）を消化することができなかったために起こります。

したがって、肌あれを防ぐには、まず、口呼吸と腸を冷やすのをやめること。鼻呼吸をして腸を温め、十分な睡眠をとることが大切です。

また、のどから侵入して肌あれを引きおこす直接の原因となるバイ菌を撃退するには、「うがい」がたいへん有効です。市販のうがい薬（製品名「イソジン」など）を使って、うがいをしましょう。

朝起きたときや帰宅時はもちろん、一日に最低5回を目標にのどを洗浄してください。こまめにうがいをするだけでも、肌はきれいになります。

肌の健康は「腸内環境」が決め手！

●肌のためには腸を冷やさないこと！

肌を美しく保つには、食物選びにも注意が必要です。

食べものによっても、肌があれたり、アトピー性皮膚炎などのアレルギー性疾患を招いたりすることがあるからです。

アレルギーを起こす原因となる食品としては、卵や乳製品などが有名ですが、それ以上に注意をしたいのが、辛いものと冷たいものをとることです。

これまでの経験から、冷たいものをとりすぎるとおなかをこわすことは、皆さんよくご存じだと思います。しかし、冷たいものが体に与えるダメージは、それにとどまらず、皮膚にまで及ぶのです。

哺乳動物は、各動物ごとにその平熱が決まっています。

たとえば、牛の平熱は39度で、人間の平

熱は36・5度です。私たちの体の細胞は、体温がほぼ36・5度の状態で正常に機能するようにできています。

ですから、冷蔵庫でキンキンに冷えたビールやジュースなどを飲んで、腸が34〜35度に冷えると、腸がしもやけを起こして、消化吸収能力が低下してしまいます。

体内に侵入した異物を消化し、無毒化してくれる白血球は、36・5度の体温と血液中に栄養と酸素が十分になくては働くことができません。

腸が冷えて消化不良を起こすと、血液が栄養不足になって、白血球の消化力がなくなってしまいます。

すると、先ほどお話しした通り、肌のトラブルを招くことになるのです。

また、体を冷やすと、美肌の素といわれるコラーゲンの合成もできなくなってしまいます。化粧品の成分としてよく知られているコラーゲンは硬タンパク質で、私たちの体の30パーセントを占めています。

人間の皮膚は表皮、真皮、皮下組織の3層で構成されていて、このうち、真皮はコラーゲンでできています。そのため、コラーゲンが不足すると、肌の保湿力が低下して、ツヤやハリがなくなるのです。口呼吸によって入りこんだバイ菌にコラーゲンが

やられてしまうのがコラーゲン病（膠原病）です。

体が冷えると、このコラーゲンの吸収・再合成がスムーズにいかなくなってしまいます。

ですから、肌あれを防ぎ、うるおいのある美肌を保つためには、冷たいものを絶対に避けるようにすることが重要なのです。

実際、冷たいものをとるのをやめたとたん、湿疹やアトピー性皮膚炎の症状が改善したという例はたくさんあります。

起床時に冷たい水を飲んだら必ず肌あれが起こり、やがてリウマチになります。

夏は冷たいものがおいしく感じる季節ですが、たとえ真夏であっても、アイスクリームや冷たいおそば、ビールや清涼飲料水など、体を冷やすような食べものや飲みものは「美肌の敵」と思って、できるだけ我慢するようにしましょう。

このように、皮膚の健康は腸内菌によって決まります。

ですから、腸内菌の状態をととのえる働きのあるビフィズス菌の入った乳製品や野菜類（野菜に含まれるセルロースには腸内細菌をととのえる働きがある）を食べることも、美肌づくりに欠かせません。

体を冷やさないよう、食べるときは、乳製品ならグラタンやシチュー、野菜ならゆでたり炒めたりするなどして、できるだけ温かい状態で食べるようにしましょう。

肌の色

くすみ・クマをとり、透きとおるような白い肌になる方法！

口呼吸が肌にもたらす悪影響は、肌あれや皮膚炎にとどまりません。口呼吸をしていると、肌が黒ずんでしまいます。口呼吸をしていると、顔や体がゆがむため、胸の筋肉を使って息をする胸式呼吸になりがちです。胸式呼吸では呼吸が浅く、十分な酸素をとり入れることができません。

そのため、体全体が酸欠ぎみになり、細胞の新陳代謝も悪くなり、内臓の機能も低下してしまいます。

その結果、顔色がくすみ、目の下にクマが目立つようになるのです。

顔のくすみや黒ずみの気になる人は、体に酸素を十分にとり入れ、細胞の新陳代謝を活発にして老廃物の排出を促進することです。それによって輝くような白い肌が手に入ります。横隔膜呼吸を行なっていると、口では呼吸しにくいため、自然と鼻呼吸が身につきます。横隔膜呼吸については、ｐａｒｔ４でくわしく紹介しています。

part 4

秘密は「バランス」

「呼吸するだけでやせる」夢のようなダイエット

1……正しい呼吸で、もう一生太らない体に！

無理なダイエットがやせられない原因⁉

●やせられない原因――「体に合わないダイエット」

美しいボディラインは、いつの時代にも女性のあこがれです。とくに、スリムなボディが好まれる今日、ダイエットは女性にとって重要課題のひとつといってもいいすぎではないでしょう。

しかし、ダイエットにトライした女性が、すべて成功しているわけではありません。そうしたダイエット失敗経験のある人たちのうち、ダイエットがうまくいかない理由として、「ダイエットが長続きしない」「目標体重を維持することができない」と答える人も少なくないようです。

そのように、うまくダイエットにとり組めないのは、ダイエット法そのものに無理

があるか、そのダイエット法が自分に合っていないことが考えられます。

また、極端な食事制限があるダイエットや、単一の食べものだけをとるようなダイエット、または激しく体を動かすようなものが健康にいいはずがありません。

日常生活に支障をきたすようなダイエット法は、その効果はどうであれ、続けるのが難しいものです。

きっと、「呼吸をするように、意識しなくてもラクにできるダイエット法があればいいのに……」というのが、やせたい女性のホンネでしょう。

ホルモンバランスがととのい、新陳代謝がよくなる！

●息をするたびにやせていく⁉

実は、息をするだけで、とくに努力をしなくてもやせられる夢のような呼吸法が、本当にあるのです。

その呼吸法とは、これまでにも何度かふれてきた、「横隔膜呼吸」です。

日本人に多い口呼吸では、あごが前に突き出て猫背になり、姿勢が悪くなるため、空気を胸の奥までとり入れることができず、呼吸の浅い胸式呼吸になりがちです。

胸式呼吸では、酸素が十分に体内、とくに腸と腹腔《ふっくう》に供給できないため、細胞の新陳代謝が悪くなります。すると、細胞のリモデリング（つくりかえ）がうまくいかなくなって、基礎代謝量（安静にしているときに体細胞のリモデリングと内臓の活動などで使われるエネルギー量であり、私たちが生きていく上で必要な一日の基礎的なカロリー消費量）もダウンしてしまいます。

こうした酸素不足が原因で太ると、うまく代謝ができないために、老廃物が蓄積されて、体がむくみ、不健康な太り方になります。

これから紹介する横隔膜呼吸は副交感神経による呼吸で、肺と腹部の境目にある横隔膜を使ってする呼吸法です。

この呼吸法を行なうと、体内、とくに腸管にたっぷり酸素が行きわたり、腸の造血系がイキイキとしてくるため、脂肪を燃焼させる効果が高まって、新陳代謝がアップし、リモデリングがスムーズに行なわれます。その結果、基礎代謝量も高くなり、これまでよりカロリーを多く消費する体になるのです。

また、横隔膜呼吸では、横隔膜のほか、胸式呼吸ではほとんど使われない腹直筋(腹筋の真ん中を縦に走る筋肉)、背筋、肛門挙筋を使うため、おなかを中心に体全体が引きしまり、シェイプアップにひじょうに有効です。

それと同時に、姿勢がよくなって、全身の骨格のゆがみが矯正され、筋肉が正しい位置に納まることで、バストアップするなど、メリハリのある体づくりにも役立ちます。同時に脳の血のめぐりがよくなり、頭もさえてきます。

●自律神経のバランスをととのえ、ドカ食いを抑える効果も

さらに、横隔膜呼吸には自律神経のバランスをととのえ、ドカ食いを抑える効果も期待できます。

自律神経とは、自分の意思とは無関係に体の機能を調節する神経のことで、交感神経と副交感神経の2つからなり、この2つの神経がお互いにせりあって働いています。

このうち副交感神経は、呼吸や睡眠、吸収などを支配する、いわば「養う」神経です。この神経は、私たちの祖先であるサメの時代から体内に備わっています。

一方、交感神経は不随意の臓器を支配する神経で、たとえば、心臓の拍動を促して血圧を上げるなどの働きをします。この神経は、私たちの祖先が陸に上がり、活発に動くようになってからできました。

人間は、昼の間は交感神経が優位になり、夜になると副交感神経が優位になって、安らかな眠りが得られるようにできています。

ところが、私たち現代人の生活はストレスが多く、自律神経の働きが乱れやすくなっています。ハードな仕事でストレスがたまった状態が続くと、自律神経中枢の働きが悪くなり、交感神経と副交感神経の切りかえがスムーズにいかなくなります。

眠れない……
Stress
ドカぐい!!

すると、交感神経の緊張状態が夜になってもとけず、よく眠れなくなったり、逆に昼に副交感神経が緊張して眠くなったり、ぼーっとしたりします。

その点、横隔膜呼吸は、深く息を吸うことで体の緊張をとき、副交感神経の働きを正常に戻すことで、自律神経全体のバランスをととのえ、精神を安定させて、ドカ食いを抑える効果があります。

●体の内側からスリムになって体重が落ちていく！

さらに、横隔膜呼吸による副交感神経の刺激作用によって、ホルモンの分泌や白血球の働きが促進され、ホルモンバランスの乱れによる肥満や、血液循環の不順から体に老廃物がたまって起こるむくみなどを防ぐ効果も期待できます。

このように、横隔膜呼吸には、①新陳代謝を高めてカロリー消費量をアップさせる②ホルモンや血液循環、自律神経などの乱れによる体重増加を防ぐ③腹筋などを使うことによってシェイプアップができる——という、3つのダイエット効果があります。これまで、どんなダイエット法でもやせられなかったという人も、横隔膜呼吸でまず、体の内側からスリムになれば、必ず体重が落ちていきます。

2……………「ダイエットに即効果あり！」の呼吸法

「鼻歌まじり」くらいがちょうどいい⁉

●心身ともにリラックスする呼吸法

健康やダイエットに有効な横隔膜呼吸について、もう少し説明しておきましょう。横隔膜呼吸は、サメの時代から体内に備わっているエラ呼吸筋肉を使った本来の呼吸法であり、自発呼吸です。よく「鼻歌まじりに仕事をする」といいますが、これこそが自発呼吸であり、横隔膜呼吸です。

一方、胸式呼吸は、口呼吸によってはじまった意思による呼吸です。たとえば、仕事でつらいことがあると、息がつまってしまいます。そうすると、吸おう吸おうとして、意思による呼吸である胸式呼吸になります。この状態が行きすぎると、息を吐けなくなってパニックになる「過呼吸症候群」を起こしてしまいます。

つまり、鼻歌が出るような状態のとき、つまり横隔膜呼吸をしているときに、人は心身ともにリラックスして体全体が正常な状態に保たれ、幸福な状態にあります。睡眠を削ってまで働いたり遊んだりすることは、胸式呼吸を誘発して不健康なだけでなく、幸せからもどんどん離れていくことになります。

横隔膜呼吸をしている状態こそが人の本来あるべき姿です。鼻歌まじりの楽しい人生を送るためにも、本来の呼吸法である横隔膜呼吸をとり戻したいものです。

やせる呼吸「6つのポイント」

●人間本来の呼吸法

それでは、本来の呼吸法である横隔膜呼吸のやり方について説明しましょう。まず、横隔膜呼吸を行なうにあたって、次の6つのポイントを覚えてください。

①あごを引き、口と肛門は閉じます。

②息を吸うときは、ゆっくりと鼻から吸い、おなかをへこませて、横隔膜を頭のほ

うに引き上げるようにします。
③ 吐くときは、ゆっくりと鼻から吐きながら、おなかをゆるめて、横隔膜を下げるようにします。
④ 動作はすべて、眠っているときのようにゆっくりと行ないます。
⑤ 呼吸をするときは、歯を1ミリ開けて舌で前歯の裏を押さないように気をつけます。
⑥ 息を吸うときにおなかがへこみ、吐くときにおなかがゆるむようにするのが横隔膜呼吸の特徴。この点、腹式呼吸とは異なります。
以上の点を頭に思い浮かべながら、実際に横隔膜呼吸をやってみましょう。

●横隔膜呼吸の基本的なやり方

① 足を肩幅よりやや広めに開いて立ち、両手をバンザイの形に上げます。
② あごを引き、唇と肛門を閉じます。
③ 鼻呼吸をしながら、眠っているときのようにゆっくりと、8回横隔膜呼吸をします。このとき、目を閉じて行なってもかまいません。

●朝晩2回で効果てきめん！

横隔膜呼吸は毎日、最低でも朝晩2回、そのほか時間のあるときはいつでもやるよう心がけてください。仕事の合間に行なうと、リフレッシュにもなりますし、そのあとの能率アップにもつながります。

慣れないうちは少し難しいかもしれませんが、無理なダイエットを続けるよりは、よほどラクなはずです。一度身につけてしまえば、あとはまさに「呼吸するだけで」必ず美しくなれるのですから頑張りましょう。

さらに効果をあげるために——呼吸体操のすすめ

●ダイエットに効く！　4つの呼吸体操

横隔膜呼吸がスムーズにできるようになったら、横隔膜呼吸でのダイエット効果をあげるため、横隔膜呼吸を応用した体操にも挑戦してみましょう。体操を行なうときは、すべて横隔膜呼吸をしながら行なってください。

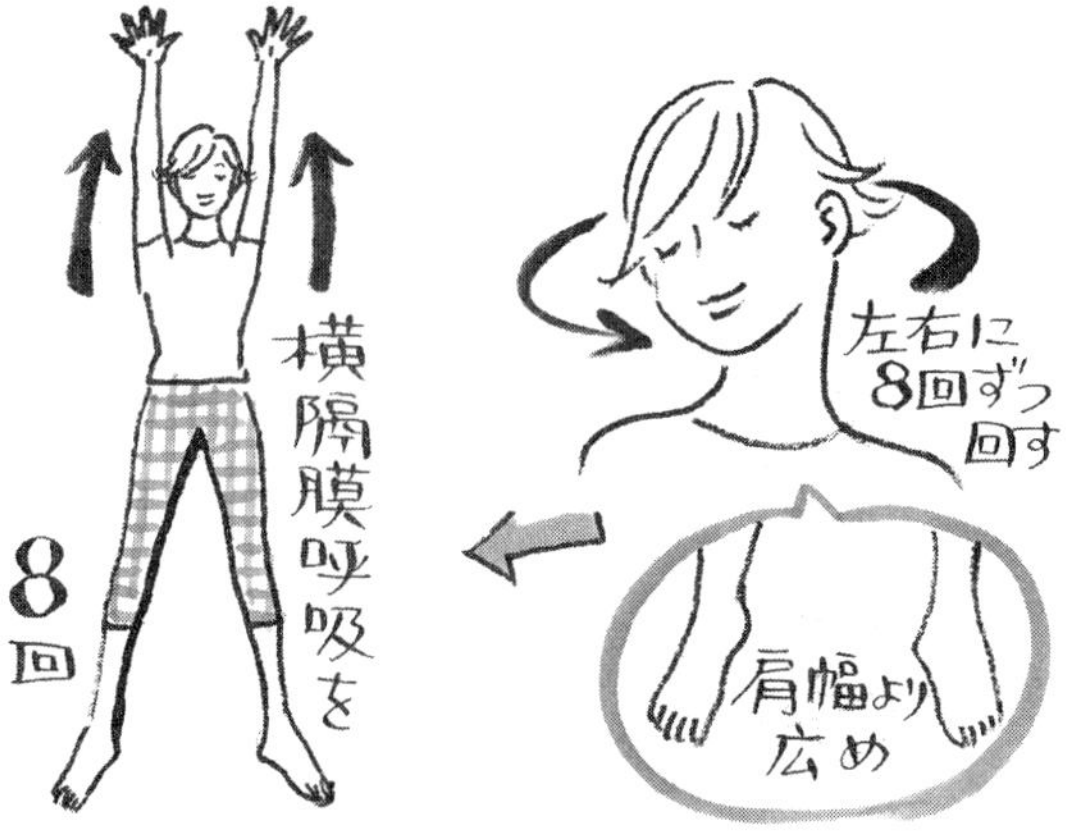

①副交感神経を刺激する体操

ゆったりと呼吸しながら首をまわすことで、全身をリラックスさせ、副交感神経の働きを促進します。

① 足を肩幅よりやや広めに開いて立ち、ゆったりとした気持ちで首を左右に8回ずつまわします。

② 終わったら、両手を上に上げてバンザイの姿勢になり、「横隔膜呼吸」を8回行ないます。

② 体のねじれをとる体操

口と肛門をしっかり閉ざすことで、腹腔がポンプの役割を果たし、体内にたっぷり酸素をとりこむことができます。

① 足を肩幅よりやや広めに開いて立ちます。

② 息をゆっくり吐きながら上体を前に倒し、右手が左足のつま先にふれるまで体をひねります。

③ 手がつま先にふれたら、息を吸いながら上体を起こします。

④ 左右それぞれ、眠っているときのようにゆっくりと8回ずつ行ないます。

⑤ 終わったら、「横隔膜呼吸」を8回行ないます。

③ ホルモンの分泌を促す体操

脳下垂体と延髄、副腎を刺激してホルモンの分泌を促します。

① 足を肩幅に開き、ひざをやや曲げて立ち、腕は自然におろしてリラックスさせます。

② ウエストねじりの要領で上体をうしろへひねり、軽く後頭部（脳下垂体と延髄）と背中（副腎部）を手の甲でたたきます。上体をまわすとき、反動をつけないようにしてください。

③ ひざのクッションを利用して、右、左それぞれ8回ずつ行ないます。

④ 終わったら、「横隔膜呼吸」を8回行ないます。

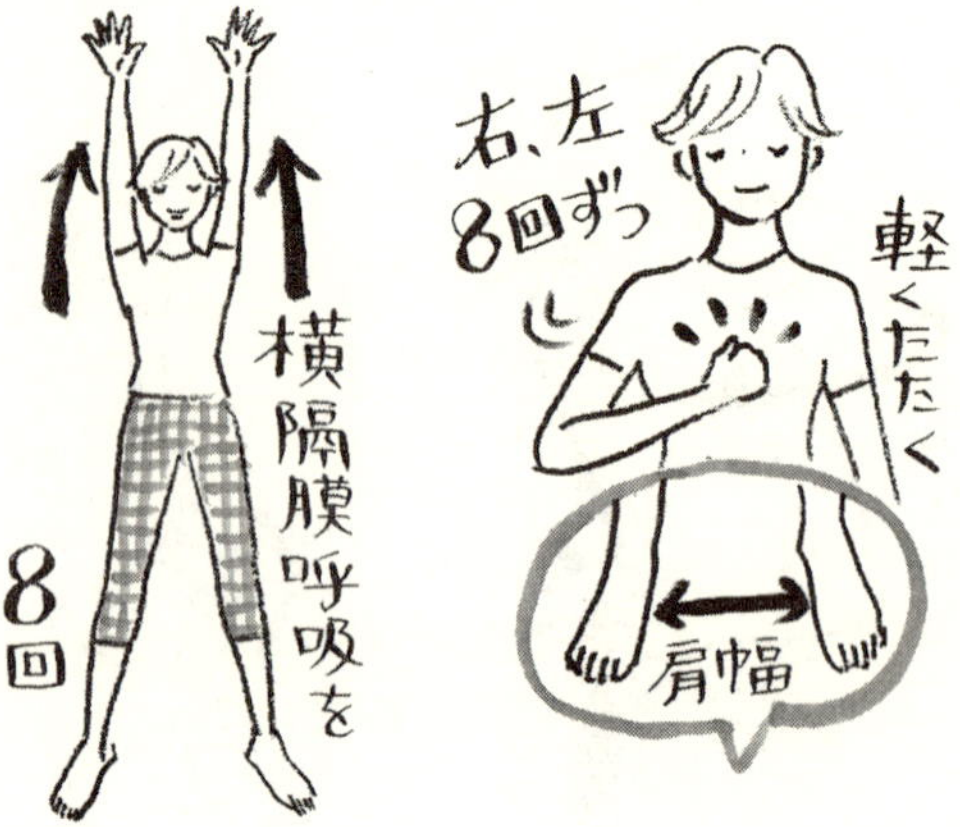

④ 免疫力をアップする体操

胸の中央部の上のほうにある胸腺は、Tリンパ球の発生の場となる、免疫の中枢器官です。

外からふれることはできませんが、胸骨をたたくことで、骨の裏にある胸腺を刺激することができます。

① 足を肩幅に開いて立ち、右手でこぶしをつくり、胸を軽く8回たたきます。

② 同様に、今度は左手のこぶしで8回たたきます。

③ 終わったら、「横隔膜呼吸」を8回行ないます。

眠れない夜にも効果的！「全身リラックス」の呼吸体操

●よりスムーズに眠りに落ちるために

体をきれいにする呼吸体操は、「横隔膜呼吸」からはじめて、4番の免疫力をアップする体操までを1セットとし、1日に朝晩2回、1回につき最低3セット、できれば8セットを行なうのが理想です。

新陳代謝を活発にし、細胞のリモデリングを正常に行なうには、十分な睡眠が欠かせません。呼吸体操を就寝前に行なうと、全身がリラックスできて安眠が得られ、より効果的です。

3……きれいになるスポーツ・ブスになるスポーツ

運動のすべてが体にいいわけではありません！

●「きれいになるスポーツ」を選ぶこと

体脂肪は筋肉を動かすエネルギーとして消費されます。したがって、体についた余分な脂肪をとるには、やはり運動は欠かすことができません。

しかし、だからといって、運動ならなんでもいいというわけではないのです。ものによっては、体のゆがみを増長し、かえって健康や美容にマイナスになることも少なくありません。

しかも、骨がゆがむと筋肉がだらけてしまい、脂肪が燃えにくくなって、ダイエット効果も半減してしまいます。これでは、せっかくの努力が水の泡。わざわざブスになるためにスポーツをしているようなものです。

スポーツには、スタミナを維持したり、体をほぐして心身のリフレッシュをはかれるなど、プラス面もたくさんあります。効率よくダイエットをするために大切なのは、「きれいになるスポーツ」を選んで生活にとり入れることです。

テニスにゴルフ……片腕を酷使する運動は要注意

●骨は動きにもっとも適した形に変形する

それでは、どんなスポーツをするときれいになれるのか、逆に、ブスになるスポーツとはどんなものなのでしょうか。

「骨は、その動きにもっとも適した形に変形する」という法則があります。

これは、ある特定の運動を続けると、その運動に応じた形に骨が変形していくことを意味します。

たとえば、テニスの選手の腕は、左右で腕の長さや太さが違っています。これは、利き腕でラケットを握っていると、遠心力で利き腕の骨が伸び、同時に筋肉も鍛えられて引きしまり、縮んで分厚くなるからです。

こうした片腕だけの変形は、全身にも及びます。腕の筋肉が引きしまって縮み、短くなったのに連動して、首の筋肉が引っぱられて傾き、肩が下がって、背骨が利き腕側に湾曲し、骨盤も利き腕側に上がるなど、全身がゆがみます。

●ポイントは左右均等に使うこと

また、顔の表情筋や咀嚼筋は、首、背中、胸、腹部の筋肉と連動しているため、ゆがんだほうへ引っぱられて、利き腕側の顔が縮み、顔に左右差があらわれます。

さらに、利きあごと利き腕は一致していることが多いため、利き腕側のゆがみが大きくなると、片側かみのクセを増長させ、さらに顔の左右差が増してしまいます。

もうおわかりですね。たまにやる趣味程度ならかまいませんが、テニスや野球、ゴルフのように、利き腕だけを酷使するスポーツは、体をゆがませ、顔の左右差を大きくしてしまうことを知っておきましょう。

したがって、きれいになるためには、体を左右均等に使うスポーツを選ぶことがとても重要です。

きれいになるスポーツにはどんなものがある？

●ジョギング、水泳はダメ

体を左右均等に使うことは、きれいになるために行なうスポーツの条件として欠かせません。

ただし、左右を均等に使うスポーツでも、ジョギングや水泳は逆効果。どちらも、運動中に大量の酸素を必要とするため、鼻呼吸では間にあわず、口呼吸を招いてしまいます。口呼吸が顔のゆがみをもたらす原因のひとつであることは、すでに皆さん十分おわかりのことと思います。

したがって、きれいになるためにスポーツを行なうときは、左右を均等に使うスポーツを、鼻呼吸で息の切れない程度に楽しむのが基本です。

●ストレッチ、ダンベルなどがおすすめ

具体的には、体を左右均等に使うストレッチ体操やダンベル体操、腹式呼吸にあわ

せて行なう太極拳、ほどほどのペースで行なうウォーキングなどがいいでしょう。ヨガやバレエなど、正しい姿勢をキープするものも、体のゆがみを矯正することができるのでおすすめです。

また、必然的に口呼吸となる水泳は厳禁ですが、水の中をゆっくり歩く水中ウォーキングは逆におすすめです。水の中は浮力があるので、ひざや腰に負担をかけずに筋肉を鍛えることができます。口呼吸にならないよう、ゆっくりしたペースで大股で歩くよう心がけてください。

できれば、体を温める効果もある温水プールを利用するのがいいでしょう。近所に温水プールの施設がなく、普通のプールを利用する場合は、体を冷やさないよう15分程度で切り上げるようにしましょう。

[きれいになるスポーツの条件]

① 体を左右均等に使う運動
② 余裕を持って鼻呼吸のできる、ゆるやかな運動

Stretching
Dumb-bell
Walking...
左右均等な
動きのもの

スポーツのあとのこんな「体のケア」が肝心です

●「運動したら休む」が鉄則

左右を均等に使ってゆったりとスポーツを楽しんだあとは、必ず骨休めをしましょう。

どんなに優雅に見えるスポーツでも、骨は体重を支えながら運動を続けなければなりません。そのため、骨と骨とのつなぎ目にある「関節頭《かんせつとう》」と呼ばれる造血器官に負担がかかります。

骨休めをおこたると、造血機能が衰えて、白血球の製造能力が落ちて免疫力が低下してしまいます。その結果、風邪や花粉症など、さまざまな免疫病にかかりやすくなります。

運動のあとの骨休めは想像以上に大切で、子どもの頃からサッカーやバスケットなど、激しいスポーツを続けていると、思春期頃に無気力症や白血病など重篤な病気にかかる恐れがあるほどです。

「美人のスポーツは、あくまで優雅に」を忘れず、横隔膜呼吸とそれをサポートする運動をしたあとはゆっくりと疲れをとりましょう。あこがれのスリムなボディを目指して、無理をせず、効果的にダイエットをしてください。

part 5

お金も時間もかけずに2週間できれいになれる!

秘密は「毎日の習慣」

1……あなたの第一印象を決めるのは何?

表情美人は目鼻立ちがととのう以上に魅力的

●表情・しぐさ・声がポイント

「鼻呼吸」「両側かみ」「正しい寝相」などのきれいになるトレーニングを続けて、シンメトリー美人に近づいたら、最後の仕上げに、魅力的な笑顔づくりをしましょう。

初対面の第一印象は、その人の顔の表情やしぐさ、声の調子で決まるといわれています。どんなにバランスのとれたシンメトリー顔であっても、表情が暗い人は魅力的に見えないものです。目鼻立ちがととのっていることと同じくらい、表情が豊かであることも美人の大切な条件なのです。

Ｐａｒｔ3でお話ししたように、顔には表情をつくるために働く表情筋と呼ばれる筋肉があります。

表情筋の主なものには、すでに紹介した「鼻根筋」「鼻筋」のほかに、次の4つがあります。

①笑筋……頰骨《きょうこつ》から口角に向かって斜めに走る筋肉で、頰を引き上げるとともに、口角をキュッと斜め上に引き上げ、笑顔をつくります。この筋肉が衰えると、頰や口角がだらしなくたれ下がり、ブルドッグのような顔になってしまいます。

②目輪筋……目のまわりをとり囲んでいる筋肉。目を開けたり閉じたりする働きをしています。目の周囲にできる小ジワ、いわゆる「カラスの足あと」は、この筋肉が衰えるとできます。

③頰筋……耳の下にある上下のあごのつなぎ目あたりから口角に向かって走る筋肉。横隔膜呼吸で、深く息を吸ったときに使われます。この筋肉が衰えると、口角がたるみ、耳からあごにかけてのフェイスラインがくずれ、若くても「老《ふ》け顔」になってしまいます。

④口輪筋……口の周囲にある筋肉。頰筋やあごの筋肉とも連動して、複雑な口の表情をつくりだします。この筋肉が衰えると、口のまわりにシワやたるみが出たり、唇

が黒ずんだりします。

●相手がハッとするほどの笑顔をつくるには

顔にゆがみのあるうちは、これらの表情筋も引きつれたりたるんだりするため、せっかくの笑顔も、まるで「福笑い」のようにゆがんでしまいます。

でも、鼻呼吸や両側かみ、寝相などのトレーニングを続けているうちに、顔のゆがみがとれ、笑顔も輝くようになってきます。

これだけでも十分魅力的ですが、出会う人がハッとするほど美しく、こぼれるような笑顔をつくりたいのなら、アルカイックスマイルを身につけることです。

アルカイックスマイルとは、昔の女優さんの写真によくあるように、口の端を真横ではなくやや上に上げて笑う、典型的な笑顔のスタイルです。

ときどき「笑いすぎると笑いジワができる」といって、なるべく笑わないようにしているという人がいますが、このアルカイックスマイルは、筋肉に負担をかけないため、シワにもなりにくいのです。

微笑を絶やさないようにすることは、人に好印象を与えるとともに、そのまま美形トレーニングにもなります。「笑う門には福来る」の精神で、つねに微笑をたたえた美しい顔をキープするようにしたいものです。

2……一生素敵なあなたでいるために

この3つのポイントを必ず実行してください

●美しい顔は生まれつきではありません

「きれいになりたい」

それは、女性なら誰もが願うことでしょう。鏡を見ながら、「もうちょっと目が大きかったら……」「鼻が高かったら……」とため息をつき、少しでも〝きれいな自分〟を演出しようと、スキンケアやメイクアップにお金と時間をかけるのも珍しいことではありません。なかには、きれいになりたい一心で、高額なエステ（美顔術）や美容整形外科の手術まで受ける人もいるようです。

おそらく、そうした人たちは、「美人は生まれつきのもの」と信じこんでいるのでしょう。でも、「美しい顔」は、なにも手術など受けなくても、自分の努力しだいで簡単に手に入るものなのです。

●呼吸・かみ方・眠り方が大事

もう一度いいます。顔に左右差のないバランスのとれたシンメトリー顔こそが、万国共通の美人の条件。そして、シンメトリー美人になるためのポイントは、「眠り方」「呼吸」「かみ方」の３つです。

まず、顔を醜くする「誤った眠り方」「口呼吸」「片側かみ」を矯正するためのトレーニングを行ない、さらに、睡眠不足と冷たいものの摂取に注意すれば、たった２週間で、誰もがシンメトリー美人になることができるのです。

お金も時間もかけず、また、美容整形に頼ることもなく、自分のクセや生活スタイルを変えるだけで必ず美人になれる。ととのったきれいな顔は、自分自身のちょっとした努力でつくることができるのです。

●男性がシンメトリー美人にひかれるわけ

ところで、なぜ男性はシンメトリー美人に魅力を感じるのでしょうか。

人は動物的な本能として、「美しい人はより健康的である」と、生まれながらにインプットされています。この「美しい人＝健康的」という本能は、何十万年前にまでさかのぼることのできる、根本的な欲求本能といわれています。

つまり、太古の昔から、人は「美しさとは健康の象徴である」と位置づけ、男性は自分たち家族の末永い繁栄を考えて、本能的に美人を追い求めてきました。

ふだんは気がつかないかもしれませんが、潜在的にこうした本能が今も根強く残っているため、男性は美人を好む傾向があるのです。

また、同時に、人はバランスのいいものを見ると安心できるという本能もあわせ持っています。「バランスのいい顔」とは、ズバリ、左右差のないシンメトリーの顔です。つまり、「シンメトリー顔」とは、「見ていて安心できる顔」「気持ちのいい顔」でもあるのです。

したがって、男性は左右のバランスのとれた、シンメトリーの美しい顔の女性をより好むことになるのです。

これであなたは本当に美しく生まれ変わる！

●きれいになるといいことがいっぱい！

もちろん、美しい顔を好むのは男性だけではありません。それは、女性も同じです。女性にも、バランスのとれた美しい顔を好むという本能が備わっています。

ですから、シンメトリー美人になることは、自分の顔を好きになること、つまり、自分で自分を愛することにもなり、それだけ自分に自信を持てることにもつながるのです。

「完全な左右対称の顔は気持ちが悪い」とか、「ととのいすぎた顔は、かえって魅力がない」という話を耳にすることがあります。けれど、どんなにすぐれた外科的技術をもってしても、人間の顔を完全な左右対称にすることはできません。ですから、安心してシンメトリー美人に近づく努力をしてください。

「誤った眠り方」「口呼吸」「片側かみ」を矯正して、顔の左右のバランスをととのえることで、誰もがすでに持っている個性をより際立たせ、美しく魅力的な顔になることができるのです。

●バランスのとれた顔と体――一生素敵なあなたでいるために

さあ、いかがでしたか？　日常のクセや生活スタイルを改善するだけで、今すぐ自力で美人になれることをご理解いただけましたでしょうか？

「本当にそれだけなの？」と、まだ疑っているあなた。論より証拠、今すぐとりかかってください。2週間後には、必ず驚くほどの美人になっているはずです。

寝るときはあお向けで、大人なら8時間たっぷりと眠ること。口を閉じて鼻で呼吸をすること、左右両側の歯を均等に使ってよくかむこと、冷たいものを食べたり飲んだりしないこと。たったこれだけのことを2週間続けるだけで、誰もが見ちがえるほどきれいになれるのです。

顔も体も美しい全身美人になるのに、お金も道具もいりません。自分のクセを直し、正しい習慣を身につけること。誰もができるそれだけのことで、美しく生まれ変われるのです。

ただし、一度きれいになったからといって、安心はしないでください。たった1週間でも悪い寝相を続ければ、もとのもくあみです。再び顔がむくんでゆがみ、くすみはじめてしまいます。

まず、顔をゆがめるクセを直し、正しい生活習慣を一生守ること。これさえ実行できれば、生涯、自分でつくりあげた美しさをキープしていけるのです。

おわりに

美人になるには鼻《び》（美）呼吸・横隔膜呼吸法と、食物の内容を含む正しい飲食の作法と、正しい睡眠法の3つが必須です。本書は、このうちとくに睡眠を強調しています。

睡眠とは骨休めのことで、体の疲れと深く関わっています。

今は空前の美容ブームで、みな睡眠を削って働いて、せっせと美容院に通い、都会の成人女性の8割方は髪を染めています。

しかし、いくら髪を染めて化粧をしても、体がくたびれていたり、顔のかたちが左右アンバランスになっていたり、肌があれたり、首や背骨が曲がっていたりしたのでは、化粧のしがいもありません。本書で説明してきたように、顔の左右アンバランスは、寝ている間に顔の骨に偏った力が加わったためで、一種の疲労性の変形です。

疲労は「骨折り」ですから、間違った姿勢で寝て自分でつぶした顔に化粧するのは、まさに「骨折り損のくたびれもうけ」です。顔は生命を代表する複合器官です。せっかくの顔を寝相ごときで台なしにしてはいけません。きれいになるための努力をことごとくムダにしてしまうような、誤った生活習慣を即刻やめること——それが、美人になるための第一歩です。そして、美人になるための必須条件である、正しい眠り方と鼻呼吸・横隔膜呼吸、両側のあごを均等に使う両側かみを身につければ、放っておいても、顔や体はみるみるきれいになっていきます。

先ほど、顔のつぶれは一種の疲労性の変形と書きましたが、疲れとはなんでしょうか？　それは、体の中の細胞レベルで起こるエネルギーの渦の回転がうまくめぐらないことです。睡眠は、重力の作用から体が解放される唯一の時間です。重力が解除され、骨休めのできるこの時間に、私たちの体は古い細胞から新しい細胞につくりかわるリモデリング（新陳代謝）と呼ばれる作業を行なっています。リモデリングに必須なのが、酸素と栄養、ミネラル、ビタミンのほかに、重力の解除、つまり骨休めです。

リモデリングによって、毎晩、約1兆個の細胞がつくりかわり、約2カ月で私たちの体はほぼ完全に新しく生まれかわります。このリモデリングの作業がスムーズに行なわれるのに中心的な働きをするのが、白血球です。

疲れとは、エネルギーの渦がめぐらなくなることですから、細胞呼吸の失敗です。つまり、体中の細胞のリモデリングがうまくいかなくなる状態です。

ことに血液細胞と腸の粘膜上皮細胞のつくりかえがダメになると、酸素と栄養の吸収と運搬がさまたげられて、赤血球、白血球を含めた体全体の細胞のつくりかえがうまくいかなくなるのです。

つまり、健康的にきれいになりたいならば、大人で毎晩8~10時間の睡眠が必要になるのです。ところが、睡眠時間を削って仕事をしたり遊んだりしていると、体は十分にリモデリングすることができず、古い細胞がどんどん蓄積して、老化していきます。そして、肌のくすみ、むくみ、シワ、白髪、まぶたのハレ、背骨や腰のゆがみなど、老化現象が目に見える形であらわれるようになります。

また、体が疲労して栄養を燃焼することができなくなるため、脂肪がたまって太りやすくなります。さらに、血液細胞や粘膜細胞のつくりかえもできないため、血液の病気、皮膚炎やリウマチなど免疫系の病気につながります。

このように、睡眠をおろそかにすることは、ブスになるだけでなく、命を縮めることにもなるのです。

美形の基本となるのは、生命の躍動感あふれるととのった美しいすがた（容姿）とかたち（顔貌）です。いくら顔だちだけととのっていても、イキイキとした活力がみなぎっていなくては、美しく見えません。

これまでの睡眠を見直し、正しく眠ること。1日の疲れをひと晩の睡眠で回復し、新しく得たエネルギーで正しい呼吸や両側かみを行ない、なお余った力を少しずつ蓄えていくこと。そうすれば、きれいな顔や体、人生さえも、眠り方で決まることが、きっと実感できるはずです。

本書をお読みになった方が、命を大切にし、エネルギーに満ちあふれ、心身ともにイキイキとした美人になることを心から願っています。

西原克成

本書の内容・治療に関する問い合わせ先

《西原研究所》
◎健康と美容の医学　◎顔の美容矯正　◎歯列矯正
◎免疫病治療　◎人工歯根療法
〒106-0032
東京都港区六本木6-2-5　原ビル301
tel&fax 03-3479-1462

本書で紹介したグッズに関する問い合わせ先

《アート医研》
〒169-0051
東京都新宿区西早稲田2-10-18
パティオ西早稲田705
tel 03-5292-5677／fax 03-5292-5838

眠《ねむ》りながら「綺麗《きれい》」になる本《ほん》

著者　西原克成（にしはら・かつなり）

発行者　押鐘冨士雄

発行所　株式会社三笠書房

〒112-0004 東京都文京区後楽1-4-14

電話　03-3814-1161（営業部）03-3814-1181（編集部）

振替　00130-8-22096　http://www.mikasashobo.co.jp

印刷　誠宏印刷

製本　宮田製本

©Katsunari Nishihara　Printed in Japan　ISBN4-8379-6099-5　C0177